Für Lena und Hannes

Das Aargauer Tagblatt dankt der NEUEN AARGAUER BANK für die grosszügige Unterstützung bei der Realisierung dieses Werkes.

Der Fotograf dankt allen bekannten und unbekannten im Aargau lebenden Menschen, die gewollt oder ungewollt dazu beigetragen haben, ein lebendiges Bild ihres Kantons zu schaffen.

©1994
AT Verlag Aarau/Schweiz
Satz: Grafische Betriebe
Aargauer Tagblatt AG, Aarau
Lithos: Straumann AG, Dielsdorf
Druck: E. Schoop AG, Urnäsch
Bindearbeiten: Buchbinderei Burkhardt AG, Mönchaltorf
Printed in Switzerland

ISBN 3-85502-422-7

Inhalt

J. R. VON SALIS
6 Vorwort

KLAUS MERZ
9 So weit ich sehe

PIRMIN MEIER
59 Mütter, Helden, Heilige

ANTON KELLER
137 Aargauische Befindlichkeit

ANDREAS STEIGMEIER
175 Vielkantiges Profil der Wirtschaft

JOSEF GEISSMANN
235 Ein Kanton der Vielfalt

A A R

Jiří Vurma
AT Verlag

G A U

Ansichten

eines

Kantons

■ Die Entwicklung des Aargaus nicht nur zu einer politischen Einheit, sondern innerhalb der Eidgenossenschaft auch zum vierten Rang, was seine Bevölkerungszahl betrifft, endlich auch zum drittgrössten Industriekanton nach Zürich und Bern erscheint wie eine Art Wunder.

Seine Entstehung aus vier verschiedenen Gebieten war zunächst umstritten und mühsam; seine Konsolidierung als ein politisch geeintes Staatswesen dauerte rund achtzig Jahre. Obschon der Name «Aargau» schon früh auftaucht, bedeutete er vor Zeiten etwas anderes – fing doch im frühen Mittelalter der «Thurgau» gleich östlich von Brugg an, wovon der Ortsname Turgi heute noch Zeugnis ablegt.

Auch die ältere Vergangenheit des heutigen Kantonsgebiets ist durchaus uneinheitlich. Bis etwa 400 n. Chr. unterstand es dem Römischen Reich. Die Oberklasse sprach lateinisch, die Bevölkerung einen keltischen Dialekt. Nach Rückzugsgefechten der Römer wurden diese Landstriche von eindringenden alemannischen Stämmen verwüstet und besetzt. Es muss lange gedauert haben, bis sich wieder eine Ordnung und wirtschaftliche Erholung einstellten. Man kann sich durchaus fragen, ob in der Sinnesart der Aargauer trotz der Annahme eines alemannischen Dialektes nicht doch Spuren von keltischen Elementen überlebt haben. Vom Lateinischen sind zahlreiche Lehnwörter, die jetzt durchaus deutsch klingen, übriggeblieben.

Seit dem frühen Mittelalter unterstanden diese Gebiete der Hoheit des Heiligen Römischen Reichs, das später den Zunamen «deutscher Nation» annahm. Bekanntlich hatte das mächtige Feudalgeschlecht der Habsburger die Herrschaft über weite Gebiete an sich gebracht. Sie verloren 1415 den heutigen Aargau an die Eidgenossen. Doch auch als Untertanengebiet bildete der Aargau keine politische Einheit. Wirtschaftlich am besten entwickelte sich der Berner Aargau, insbesondere dank seiner Landwirtschaft. Die Städte bewahrten eine gewisse Autonomie. Am Anfang einer noch bescheidenen Industrialisierung stand die von den Bernern geförderte Textilindustrie, die sich an den Wasserläufen ansiedelte. Die Grafschaft Baden und die Freien Ämter wurden als Gemeine Herrschaften etwas vernachlässigt. Das Fricktal gehörte zu Österreich.

Die Reformation richtete eine neue Schranke zwischen dem Berner Aargau und den drei anderen Landesteilen auf. Religionskriege blieben der geplagten Bevölkerung nicht erspart, bis der Ausgang des Zweiten Villmergerkrieges 1712 zur Beruhigung dieser Konflikte beitrug.

Die im gebildeten Bürgertum der Städte des Berner Aargaus sich ausbreitenden Ideen der Aufklärungsphilosophie, die insbesondere bei den Zusammenkünften der Helvetischen Gesellschaft in Schinznach diskutiert wurden und die alte Ordnung in der Eidgenossenschaft in Frage stellten, bereitete die Menschen auf die Französische Revolution vor. Die Besetzung der Schweiz durch die Franzosen 1798 stiess im Aargau auf keinen erheblichen Widerstand. In Aarau hatte eine Gruppe von «Jakobinern» die Gründung der Helvetischen Republik nach französischem Vorbild gefördert; es war kein Zufall, dass Aarau die erste Hauptstadt dieser Republik war. Zu den Schöpfern der neuen Ordnung gehörten aber auch zwei Brugger Bürger, Albert Rengger und Philipp Albert Stapfer.

Als 1803 der Erste Konsul Napoleon Bonaparte der Schweiz die «Mediationsverfassung» auferlegte, war dies das Schicksalsjahr des Aargaus. Es war Stapfer, der Napoleon die Gründung des Kantons Aargau, bestehend aus den vier bisher getrennten Gebieten, geradezu abrang. Nach Napoleons Niederlage und Sturz haben Versuche am Wiener Kongress, den alten Berner Aargau wieder dem Kanton Bern zuzuschlagen, zu keinem Erfolg geführt.

Von da an entwickelte sich das «künstliche» Gebilde, das Aargau hiess, zu dem staatlichen Kunstwerk, das dieser Kanton geworden ist. Die regionalen, konfessionellen und politischen Unterschiede machten dem neuen Kanton allerdings noch lange zu schaffen. Im 19. Jahrhundert gab er sich hintereinander sechs Verfassungen; er musste schwere Krisen wie die Freischarenzüge gegen Luzern überwinden. Die Aufhebung der Klöster 1841 stand am Anfang eines auch auf eidgenössischer Ebene schweren Zerwürfnisses, das letztlich zum Sonderbundskrieg und 1848 zur Gründung des neuen Bundesstaates führte.

Die eidgenössische Verfassung und Gesetzgebung, die Einführung der Handels- und Gewerbefreiheit, die zögernden Anfänge einer Sozialpolitik, der Strassen- und Eisenbahnbau, die Einführung neuer Industrien, die Elektrizitätswirtschaft, das Schul- und Bildungswesen erlaubten dem Aargau, sich als ein demokratisch geordneter und wirtschaftlich entwicklungsfähiger Kanton nahtlos in den erneuerten Bund einzufügen.

Dass dann im Laufe vieler Jahrzehnte der Kanton Aargau – trotz gelegentlicher Rückschläge und Krisen – eine der Spitzenstellungen unter den schweizerischen Kantonen zu erringen vermochte, darf man füglich als eine Art «Wunder» bezeichnen. Es kam dank dem Fleiss, dem Unternehmungsgeist, dem hohen Stand von Bildung und Kultur des ganzen aargauischen Volkes zustande.

J.R. VON SALIS

Vorwort

KLAUS MERZ

So weit
ich sehe

■ Den einen Fuss im Luzernischen, den anderen im Bernischen schaue ich vom Rand her in den Kanton Aargau hinein. Aber ich stehe nicht, wie zu vermuten wäre, in der Nähe von Roggwil, wo die drei Nachbarkantone zusammenstossen. Und ich schaue nicht auf das träge Fliessen der Aare hinunter, sondern nordwärts ins Wynental hinein.

Den Aargau gibt es dort, wo ich stehe, eigentlich noch gar nicht. – Erst der Franzose hat ihn 1803 möglich gemacht. – Auf dem alten Grenzstein, an den ich lehne, steht die Jahrzahl 1775. Das Luzerner und das Berner Wappen sind je auf einer Seite aus dem Granit gehauen. Auf der Berner Seite ist der Stein fleckiger und hat im Laufe der Zeit Moos angesetzt, es ist die Wetterseite. Er steht zwischen Schwarzenbach, wo das katholische Kirchlein und das legendäre Wirtshaus zum Löwen das Zentrum bilden, und der aargauischen Randgemeinde Menziken, wo ich aufgewachsen bin.

Es ist hell, aber dunstig an diesem Tag, der Alpenkranz in meinem Rücken lässt sich nur erahnen, auch die alten Jurahügel im Norden heben sich nicht vom milchigen Horizont ab, die Kernkraftwerke in Gösgen und Leibstadt dräuen nicht mit ihren grossen, weissen Fahnen. Vermutlich liegt die Kantonshauptstadt heute morgen im Nebel. Dienstag, der Grosse Rat tagt. Der langgezogene, schwarzbewaldete Rücken des Stierenbergs zu meiner Linken macht wie immer kein Aufhebens von sich, obwohl er doch der höchste Aargauer Gipfel ist. 872 Meter über Meer, Heimatkunde dritte Klasse.

Über bräunliche Grasnarbe und grüne Wintersaat hinweg, aus zusammengekniffenen Augen hervor, lasse ich meinen Blick von Süden her – wie vormals die Gletscherzungen – langsam ins breite Tal hineinlecken. Es geht ein kalter Wind, die Zerhäuselung der Landschaft ertrinkt im Augenwasser. Die Kirchturmspitzen von Reinach und Menziken, die etwas hochtrabende Farbigkeit des Pfäffiker Turms und die beiden ehrgeizigen Hochhäuser der rivalisierenden Gemeinden am Kantonsrand wehren sich noch ein Weilchen gegen ihren Untergang. Dann liegt das Wynental wieder unter einem grossen Himmel in seinem ursprünglichen Zustand da.

Als dunkle Schlagader zieht sich der baumbestandene Lauf des Baches in einem weiten Bogen durch die grüne Ebene. Und auf der Seitenmoräne von Gontenschwil rutschen die Ablagerungen der letzten Hochkonjunktur, Einfamilienhäuser, die sich nur schwer verkaufen lassen wollen, still in sich zusammen. – Das Tal braucht uns eigentlich nicht.

Hole ich meinen Blick wieder zu den Menschen zurück, bleibt mein inneres Auge an einem weiteren Grenzstein in dieser Gegend hängen. Mein Bruder und die Eltern liegen darunter. Die Jahrzahlen im Stein sind neueren Datums. Mit ihrem Leben lässt sich wie fast mit all unseren Lebensläufen im Grunde wenig Staat machen. Und doch gäbe es diesen Staat ohne sie und uns nicht.

Omnis vulnerat, ultima necat, steht unter der Sonnenuhr des Stifts von Beromünster. Vater hat sich den Satz von einem der Chorherren ins Deutsche übertragen lassen: Jede verwundet, die letzte tötet. Ich habe die beiden Sätze in seinem Backbuch gefunden, sie schliessen ans Rezept für Dresdener Christstollen an und markieren den Beginn seines verbliebenen Ruhestandes.

Bis vor kurzem führte die steilste Bundesbahnstrecke Europas noch an meinem ehemaligen Elternhaus vorbei. Ich habe den stillgelegten Schienenstrang nach Beromünster hinauf von Schwelle zu Schwelle abgeschritten. Das Einfahrtssignal neben unserem einstigen Kompost ist geschlossen, aber noch immer in tadellosem Zustand. – Abend für Abend kam ein Bahnarbeiter im blauen Überkleid mit dem Fahrrad vom Bahnhof her, um es anzuzünden. Kein Ewiges Licht, aber ein zuverlässiges Zeichen für uns Kinder, um noch einmal schnell aus dem Haus zu schlüpfen und dem Bähnler die Streichhölzer zu halten, bevor die Nacht endgültig einfiel.

Katzenschwanz stösst jetzt zwischen dem Schotter empor. Die väterliche Bäckerei-Konditorei am Gleis ist im Lauf der Zeit zu einem Jeans-Laden umfunktioniert worden. Vaters tägliches Brot, wie er es zu nennen pflegte, hatte auf die Dauer kein Brot gegen die Allerweltshosen. Aus dem Landessender Beromünster aber, der uns die neusten Nachrichten jeweils in die Stuben hereintrug – und auf dessen Zinne ein reformiertes Unikum aus dem Wynental anlässlich eines Kiltganges ins Luzernische vor den erschreckten Augen seiner Angebeteten einen ultimativen Handstand gedrückt haben soll – ist inzwischen Radio DRS geworden, ein schlankes Kürzel ohne landschaftlichen Bezug und leidenschaftlichen Erinnerungswert. Und auch die Mischehen sind nicht nur im Wynental mittlerweile fast so alltäglich geworden wie die Scheidungen, der kalte Krieg zwischen Katholiken und Protestanten hat längst einer friedlichen Koexistenz Platz gemacht. Nur die Fastnacht ist nach wie vor fest in den Händen der südlichen Nachbarn geblieben: Gäll, du kennsch mi ned?

Das Pfeifen der Schmalspurbahn, die den Kantonsrand mit der Hauptstadt im Takt verbindet, hat die Strassenseite gewechselt und einen auswärtigen Automobilisten in Angst und Schrecken versetzt. Der Wagenführer ist vom Totmannpedal gerutscht. Sein Signal holt mich in die Gegenwart zurück.

Zwei Krane schwenken gleichzeitig ihre Ausleger in eine andere Richtung. Ein Jumbojet kreuzt den Himmel. Er will nach Amerika. Um den renovierten Aussichtsturm auf dem Reinacher Homberg liegt noch Schnee. Wir könnten uns rückwärts auf den Boden fallen lassen und einen Engel in die weisse, unberührte Fläche drücken. Wer weiss, vielleicht erschiene uns für ein paar Augenblicke das Antlitz eines grossen Schwingers am Himmel. Es würde mich nicht erstaunen, wenn er die Gesichtszüge meines Grossvaters mütterlicherseits trüge, der während der zwanziger Jahre ein gefürchteter Kranzschwinger gewesen ist.

In seiner niederen Bauernstube tickte jahrein, jahraus ein Regulateur, den er an einem Hombergschwinget gewonnen und der ihm bis an sein Lebensende zuverlässig die Stunde geschlagen hatte. Grossvater, der am unteren Talende geboren wurde und nur selten in die weite Welt hinausgekommen ist, würde uns, wie es unter anständigen Schwingern der Brauch ist, zum Aufstehen die Hand reichen und uns den Schnee von den schmalen Schultern wischen.

Als Rucksackbauer und Gewerkschafter hielt sich sein Hang zum Vaterländischen, wie er in unserem Kanton immer wieder als heimtückische Netzhauterkrankung aufzutreten pflegt, übrigens in Grenzen, auch wenn dem starken Mann an Nationalfeiertagen und bei Militärmusikaufmärschen zuweilen eine Träne in die Augen trat. Dasselbe Phänomen beobachtete ich bei ihm allerdings auch an Weihnachten, hohen Geburtstagen und wenn der Schwartenmagen besonders köstlich mundete.

Es kommt jetzt Nervosität auf am Himmel. Ein Insekt der Schweizerischen Rettungsflugwacht schwenkt in den Talkessel ein, ich trage den Gönnerausweis in meiner Jackentasche, dennoch beginnt die Kopfhaut zu jucken.

Summ, summ, summ, Bienchen summ herum, sangen wir im Chor, als Helikopter noch eine Seltenheit waren und die Laustante uns besuchte. Mit schnellen Fingern wanderte sie kreuz und quer durch das kurzgeschnittene Knabenhaar und über den straff gezogenen Scheitel unserer Erstklass-Mädchen. Ich erinnere mich noch genau an die quälende Angst, bis Marie A.s Hände endlich auf meinem Kopf niedergingen – und auch bei mir keine Beute machten. Das Lausen war zu einer brotlosen Kunst geworden.

Unsere Jahrgänge sind also mit der Frohbotschaft vom vermeintlichen Niedergang der Kopfläuse gross geworden. Dennoch stand ich Anfang Jahr auf meinem geplanten Stationenweg durch den Aargau meiner frühen Kinderzeit erst einmal ziemlich ratlos neben dem Brunnen meines ehemaligen Schulhauses: Kein Trinkwasser, steht auf dem Metalltäfelchen am Brunnstock zu lesen. Ein über die Wasserröhre gestülptes Stück Eisenrohr leitet unser vormaliges Spiel- und Lebenswasser in rechtem Winkel direkt zu den Abwässern ab.

Möglich und zu befürchten ist, dass den kommenden Generationen, tatkräftig unterstützt vom örtlichen Verkehrs- und Verschönerungsverein und sicher zur Freude der ortsansässigen Friedhofsgärtner, nichts anderes übrigbleiben wird, als Geranien zu pflanzen im nutzlos gewordenen Trog. Den Durst aber nach dem Wasser des Lebens stillt nur noch das nahegelegene Pub, zu dem sich das Hotel Waag schon vor Jahren gemausert hat.

So kommt es, dass ich mich schnell Richtung Schwarzenbach, will sagen, an den Rand meiner Kindheit und meines Kantons zurückziehen musste, um aus Distanz – und ohne Bitterkeit über den schnellen Verschleiss allenthalben – in eine Landschaft hineinzuschauen, die ich liebe. Sie schaut zurück, wenn ich sie betrachte. Und sie erzählt mir, wenn ich ihr zuhöre, Geschichten, während hinter der nächsten Kuppe der Trolerhof-Bauer meine jüngsten Erinnerungen mit seinem Volldrehpflug schon unter die Erde fährt.

Vorangehende Doppelseite: Blick von Staffelegg Richtung Thalheim mit Ruine Schenkenberg. ☐ Auenwald an der Aare. ☐ Wasserschloss zwischen Brugg und Baden: Zusammenfluss von Aare, Reuss und Limmat.

Hochwasser 1994 am Rhein bei Laufenburg. Der höchste Wasserstand des Rheins seit 150 Jahren.

Reiche Grundwasservorkommen speisen Bewässerungsanlagen bei Schinznach-Dorf.

Aussenwerk der Festung Reuenthal – heute Waffen- und Armeemuseum. ☐ Laubwald bei Sulz im Fricktal.

Blick vom Eichberg auf die Kirche von Seengen und den unteren Hallwilersee. □ Typische Landschaft im Kettenjura.

Nebelstimmung bei Biberstein.

Bei Strengelbach: Das typische Walmdachhaus im Berner Aargau.

Im Aaretal bei Aarau. ☐ Bei Zetzwil im Wynental. ☐ Nächste Doppelseite: Nebelstimmung zwischen Auenstein und Biberstein.

Wasserfluh: Aussichtspunkt und beliebtes Ausflugsziel im Kettenjura.

Bei Thalheim bauten internierte polnische Soldaten während des Zweiten Weltkrieges eine Strasse. Blick von der Polenstrasse ins Schenkenbergertal.

Einer der vier markanten Aargauer Jurapässe: Blick vom Benkerjoch auf Oberhof-Benkenhöfe. ☐ Die sagenumwobene Linde bei Linn.

Hecken sind selten geworden. Im Jura säumen sie noch da und dort schmale Strassen.

Im Anflug auf den Flugplatz Birrfeld. Weitere Sportflugplätze findet man im Freiämter Buttwil und im fricktalischen Schupfart.

Schenkenberghof mit Ruine Schenkenberg. Schloss Schenkenberg war bis 1720 bernischer Landvogteisitz.

Recht selten gewordene Hochstammobstbäume bei Densbüren. ☐ Nächste Doppelseite: Blick von der Saalhöhe, dem westlichsten aargauischen Jurapass.

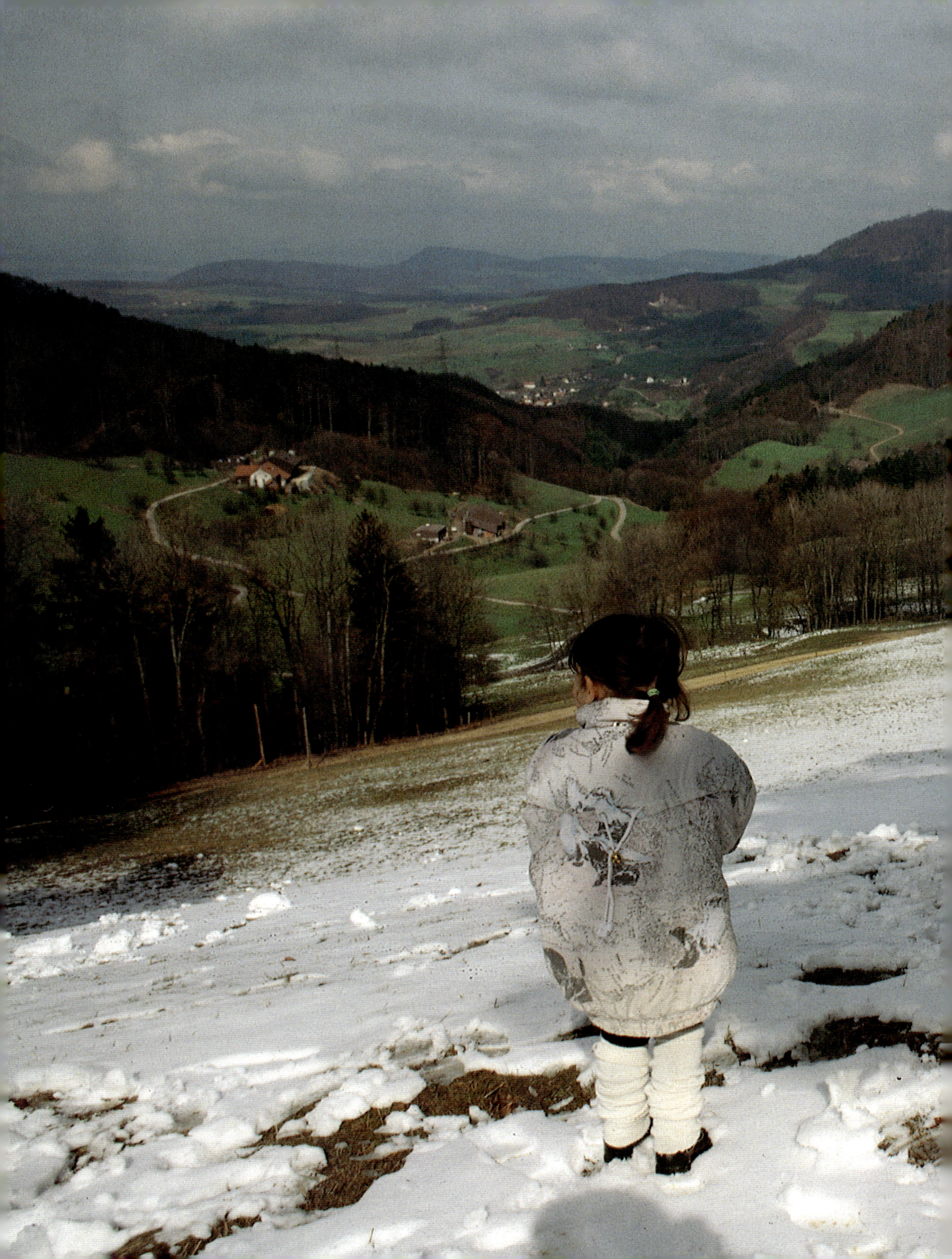

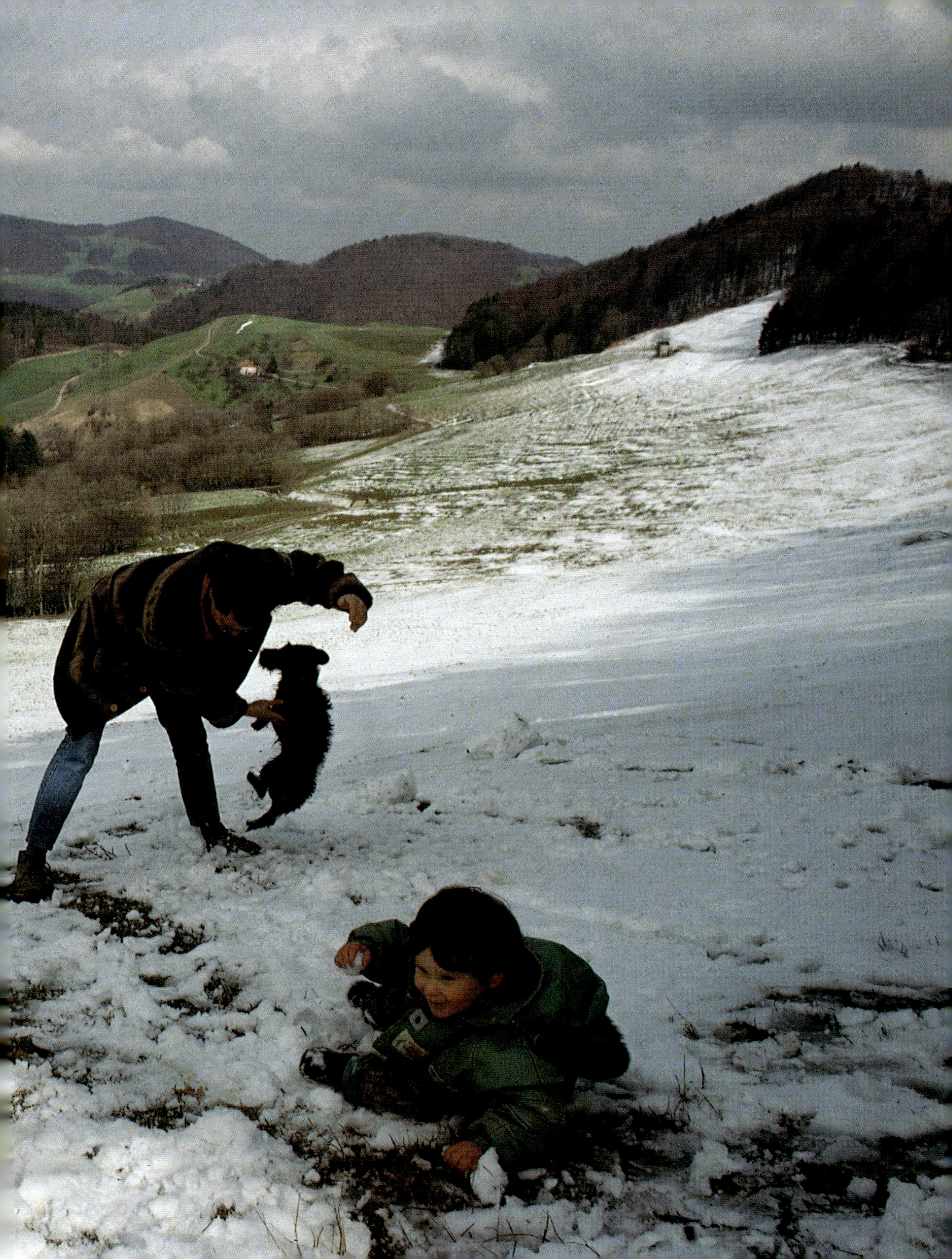

Moderne Architektur von Stephan Blabla in Hirschthal.

Moderne Architektur in Brugg: Metronhaus und Glasrundbau.

Seit dem Mittelalter und bis heute durch den Verkehr geprägt: Brugg, das durch die Brücke zu seinem Namen kam.

Der moderne Neubau der Generaldirektion der Neuen Aargauer Bank in Aarau.

prokredit
Wenn's um Geld geht...
Kantons-Spital
WALDSHUT
KOBLENZ

Burg Stein zu Baden: 1415 geschleift und später wieder aufgebaut. 1712 wurde sie erneut zerstört. ☐ Eines der Badener Wahrzeichen: der 56 Meter hohe Stadtturm.

In der Altstadt von Lenzburg: Blick in die Rathausgasse.

Brücken- und frühere Mühlenstadt Mellingen an der Reuss.

Zwei Stadtoriginale in Aarau. ☐ Zofingen, eine Stadt mit vielen guterhaltenen Bauten.

47

Der Sämannsbrunnen in Zeiningen, geschaffen von Paul Agustoni.

Altes Bremgartner Schulhaus mit zeitgenössischem Pyramidenbrunnen.

Tropfen-Skulptur von Herbert Distel bei der HTL Windisch.

Würfel-Skulptur von Willy Müller-Brittnau vor dem Aarauer Postgebäude. ☐ Nächste Doppelseite: Blick von Aarau Richtung Gösgen.

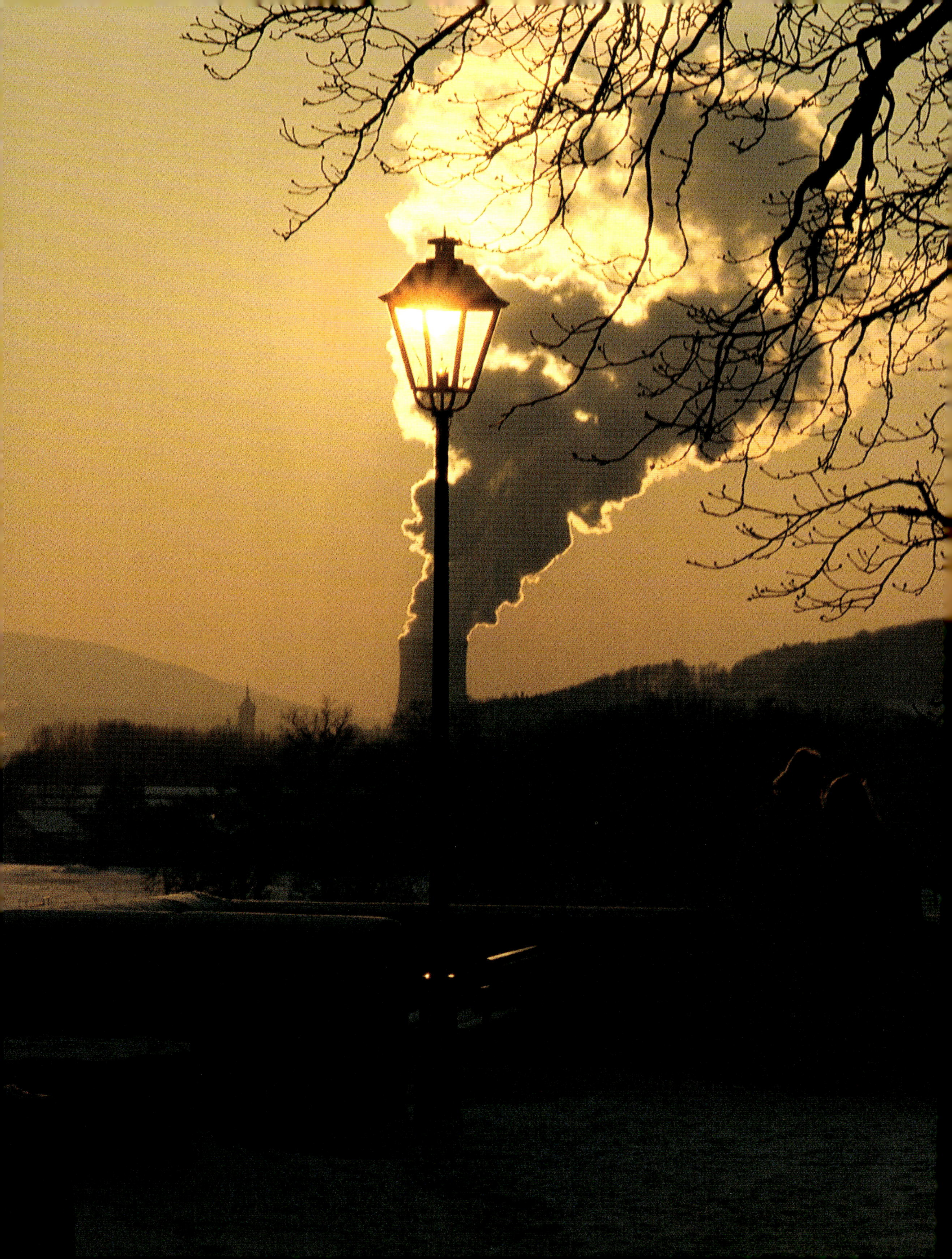

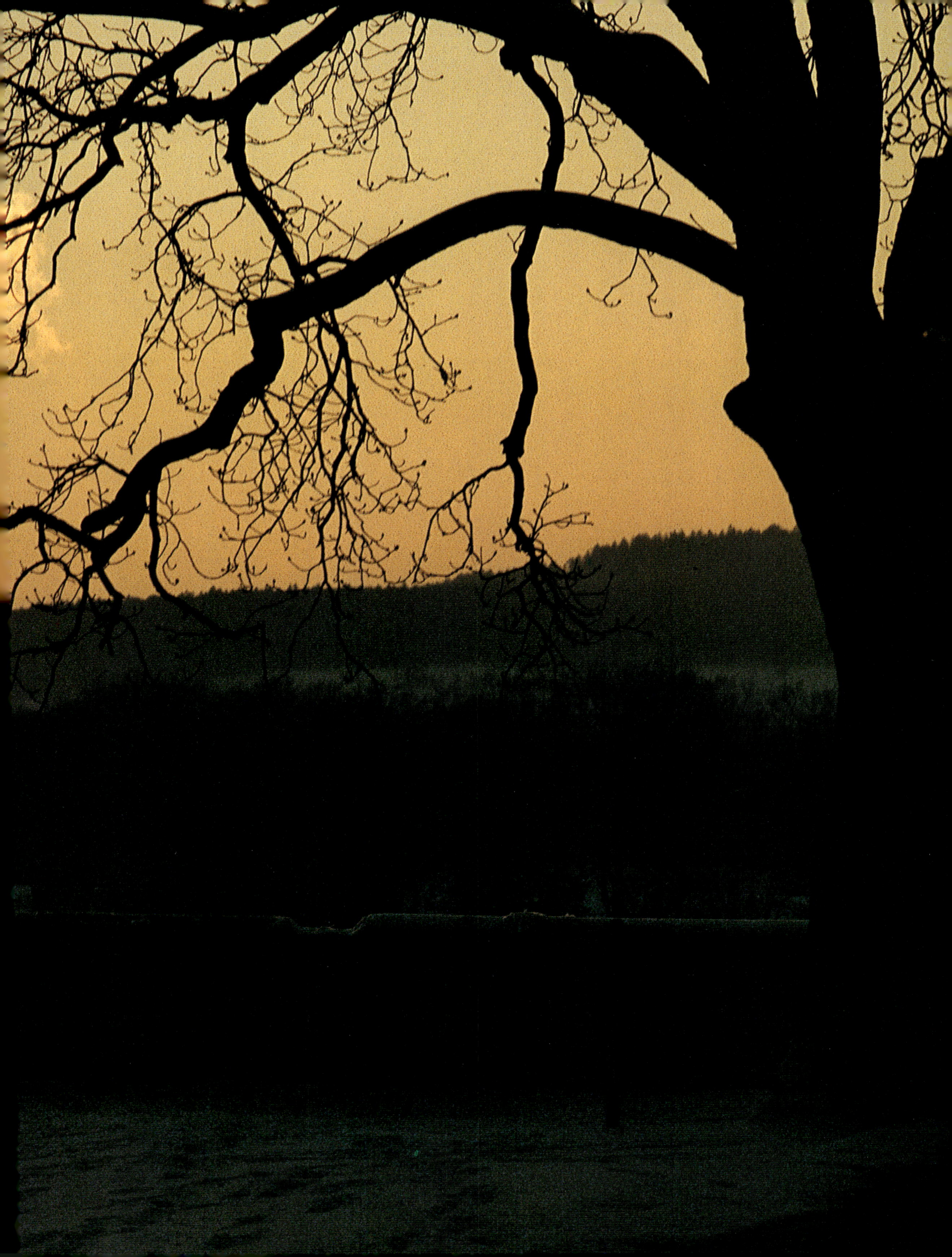

Zu den modernen Siedlungen, oben die Aarauer Telli, gehören auch die Schrebergärten.

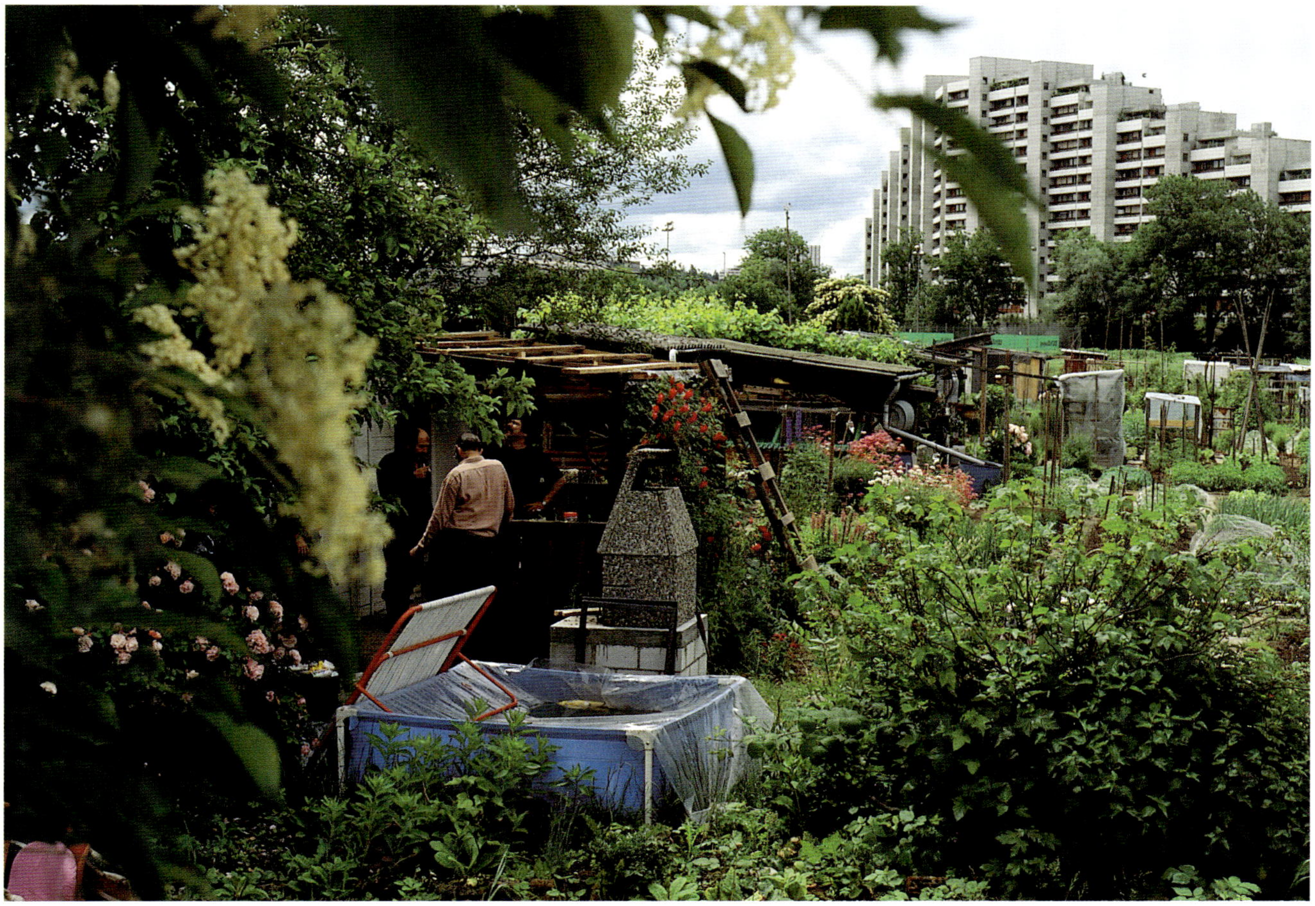

Aaraus reformierte Stadtkirche aus dem 15. Jahrhundert.

PIRMIN MEIER

Mütter

Helden

Heilige

Mythisches und Mystisches im Rüebliland

■ Der Aargau gehört nicht zu den Gebilden, die in letzter Zeit überschätzt worden wären, von den eigenen Landsleuten schon gar nicht. «... ja, man darf sagen, dass diese dörfliche Gemeinschaft über viele Jahrhunderte hinweg bedeutungslos war», vermerkt Roman W. Brüschweiler in der Einleitung zur 1993 erschienenen Lokalchronik von Neuenhof[1]. Was der aargauische Staatsarchivar über die ehemalige Leibeigenensiedlung aus dem Umfeld des Klosters Wettingen sagt, müsste mutmasslich für einen Grossteil der Aargauer Ortschaften gelten und in konsequenter Fortführung für die Landschaft Aargau überhaupt. Das Strassendorf Neuenhof am Fuss des sagenumwobenen Heitersberges, unweit des Egelseeleins, ist in der Tat in mancher Hinsicht typisch für die Sorte historischer «Bedeutungslosigkeit», die über Jahrhunderte den Aargau prägte. Gerade Leibeigenendörfer wie Neuenhof und Wettingen, unterhalb des Sulperg-Heiligtums, waren schon unter dem Ancien Régime trotz zeitweiliger Armut Bestandteil einer gesegneten, fruchtbaren Region. Die Arbeit in Feld, Wald und Rebberg unter dem Segen der heiligen Frau vom Sulperg, deren Fest jeweils am 15. August, dem Tag der Kräutersegnung, gefeiert wurde, war so wenig spektakulär wie die Kunstwerke von Eduard Spörri, dem Meister aus Wettingen, der mit der Fruchtbarkeit eines Birnbaums bleibende Denkmäler dieser versunkenen Welt gestaltet hat. Einschneidende, historisch «bedeutende» Ereignisse gab es hier erst zur Zeit der Franzoseneinfälle (1798/99) und der Klosteraufhebung im Aargau (1841).

Der Aargau, wirtschaftlich stets eine «heimlifeisse» Region und darum unter diesem Gesichtspunkt nie unattraktiv, stand politisch jeweils nur in kurzen Phasen, im Mittelalter und in der ersten Hälfte des 19. Jahrhunderts, im Brennpunkt des Geschehens. In geistiger Hinsicht kamen die stärksten Impulse in der Anfangszeit der Kantonsgründung bezeichnenderweise von Auswärtigen, so dem Historiker und Publizisten Johann Heinrich Daniel Zschokke (1771–1848) aus Magdeburg, dem Philosophen Ignaz Paul Vital Troxler (1780–1866) aus Beromünster und dem Pädagogen Johann Heinrich Pestalozzi (1746–1827). Auf spirituellem Gebiet zeigt der Aargau trotz dem bekannten Schweizerpsalm-Komponisten Pater Alberich Zwyssig (1808–1854), einem gebürtigen Urner, den man vertrieben hatte, und einer so bedeutenden geistlichen Autorin wie Silja Walter (einer Solothurnerin) eine Landkarte voller weisser Flächen. Eine Geschichte der Spiritualität im Aargau, worunter keineswegs nur katholisches Geistesleben zu verstehen wäre, ist bis zum heutigen Tag nicht geschrieben worden. Wertvolle Ansätze zu einer magischen Volkskunde, die im letzten Jahrhundert ebenfalls ein Auswärtiger, nämlich der aus dem fränkischen Ansbach zugewanderte Aarauer Kantonsschulprofessor Ernst Ludwig Rochholz (1809–1892) schuf, wurden im einzelnen zwar kritisiert, aber im wesentlichen nicht weitergeführt.

Wo nicht mehr in die Tiefe gelotet wird, wuchert es in die Breite. Zeugnis davon geben die zahlreichen fleissig recherchierten Stadt- und Dorfchroniken, in denen fast jedes Mütt Kerne (als Abgabe an den einstigen Grundherrn) registriert ist, die «Seele» aber meist zu kurz kommt. Zum Beispiel weiss die dickleibige Dorfgeschichte von Birmenstorf nichts zu berichten vom Aufenthalt des heiligen Bernhard von Clairvaux daselbst in der Nacht vom 16. auf den 17. Dezember 1046 – es war die Zeit der Fronfasten – und seinen mysteriösen Wunderheilungen.

Die Stadt Klingnau hat zweimal in diesem Jahrhundert durch gute Fachleute, darunter Otto Mittler und Hermann J. Welti, ihre Geschichte schreiben lassen. Die beiden geheimnisvollsten Frauengestalten in der Geschichte der aargauischen Mystik, Anna von Klingnau und Sophie von Klingnau, erfahren jedoch keine Porträtierung. Es ist, etwas überspitzt gesagt, als ob man eine Geschichte von Sachseln schreiben und darin Bruder Klaus nicht erwähnen wollte. Und von den sonst so interessanten Arbeiten über Aarburg und sein bekanntes Bollwerk berichtet keine von der Inhaftierung des Walliser Nationalhelden Sebastian Weger, genannt Wegerbaschi, in den Wirren nach 1798. Mit Wegerbaschi, den im Wallis jedes Kind kennt und der für Tell, Winkelried und Herakles in einem steht, hat der letzte wahre Riese des Alpenraumes vorübergehend eine unfreiwillige Heimstatt im Aargau gefunden. Die Dorfgeschichte von Seengen, erschienen 1993 zur 1100-Jahr-Feier der Gemeinde, hat nur wenige belanglose Zeilen für die Aufenthalte des Dichters Joseph Victor von Scheffel (1825–1886) im Seetal übrig. Dabei dokumentiert ein reiches Quellenmaterial, dass nie zuvor und nie nachher in der aargauischen Geschichte ein Dichter so sehr zum Ferment für Stimmung und Geist einer Landschaft geworden ist wie der Brestenberg-Patient aus Karlsruhe. Für die Kulturgeschichte des bürgerlichen Aargaus im 19. Jahrhundert ist Scheffel als spätromantisches Idol, gescheiterter Revolutionär, männerbündischer Gesinnungsfreund, föderalistisch denkender Liberaler und schlicht als unvergleichlicher Poet der Hallwilerseelandschaft von zeitüberdauernder Bedeutung. Dank Scheffel erschliesst sich uns die Poesie zweier Landschaften, die für das Verständnis des Aargaus wesentlich sind: Säckingen und das Seetal. Ohne Säckingen kennt man das Fricktal nicht, und wer das Seetal verfehlt, besonders in der Porträtierung bei Scheffel, dem entgeht etwas vom Lieblichsten, was der Aargau zu bieten hat.

Gewiss gibt es auch positive Beispiele von Dorf- und Stadtgeschichten. Als vorzüglich darf zum Beispiel «Veltheim – Von den Anfängen bis zur Gegenwart» (1992) von Thomas Schärli gelten. Ein Glanzstück in dieser Arbeit ist die Untersuchung «Wer war die heilige Gisela?», die mit detektivischem Gespür dem Ursprung einer Volkssage nachgeht, in mancher Hinsicht Klarheit ins Zwielicht bringt, ohne sich auf eine bestimmte Version festzulegen. In der Geschichtsschreibung geht es immer wieder um die Identität durch Geschichten, die Widerspiegelung des Geschehens im Bewusstsein und im Gemüt der Nachgeborenen; sie hat, wie Hermann Lübbe[2] es ausdrückt, «Identitätspräsentationsfunktion». Unter diesem Gesichtspunkt ist die Geschichte der heiligen Gisela oder der Gislijungfer, wie sie in der früheren Volksüberlieferung genannt wird[3], in der Tat lehrreich. Sie führt uns, anhand eines Beispiels, in dem sich Märchen, Legende und aktenmässig Verbürgtes wie zu einem kostbaren Gemisch von Korallen und Kalk zusammentun (was der geologischen Struktur der Gisliflue entspricht), hinüber in das Reich der Holdermütter und Winkelheiligen. Dass sich Dichter und Dichterinnen, im Fall der «Holdermütter» Erika Burkart[4], in diesem Zeichensystem unbefangener bewegen können als Historiker, liegt auf der Hand. Legende und Mythos – das sind die Korallen, nach Paracelsus eine «fräuische Artzney» zur Gesundung des Gemüts; die Geschichte – das ist der Kalk, die geprüfte und in der Erinnerung konservierte Wahrheit.

Die aargauische Guferstatt

Was wäre der Aargau ohne die heilige Gisela, die heilige Verena, ohne den heiligen Burkhard von Beinwil, der die Sprache der Tiere verstand, und ohne den Pilger und Propheten Benedikt Joseph Labre bei seinem unvergesslichen Auftritt in der Pfarrkirche von Würenlingen? Sie stehen für das verschüttete Wunderbare, von dem wir alle leben. Können wir die Engelmusik vom Jonental noch hören, der gemäss der Gründungslegende des dortigen Heiligtums ein Hirtenknabe so lustvoll lauschte, dass er darüber das Essen vergass? Was haben uns die Lichtvisionen und unendlichen inneren Offenbarungen der Klingnauer Mystikerinnen zu sagen? Und wie verhält es sich mit dem Geschlecht der Riesen, von denen der letzte und eindrucksvollste, der Wegerbaschi aus dem Wallis (wo der Kanton Aargau übrigens über einen staatseigenen Rebberg verfügt), die Gefangenschaft in der Feste Aarburg erdulden musste?

Deutungen sind nicht leicht und glücklicherweise auch nicht in jedem Fall notwendig, doch kommt in diesen Geschichten etwas vom Urgestein unserer Heimat zum Vorschein, eine Art «Guferstatt» oder «Gufenstädtli», wie man in Leutwil sagt. «Gufer» heisst so viel wie «Geröll, Schutt, Kies», was also auf eine verschüttete Welt hinzuweisen scheint. Der Name «Gufenstatt» kommt als Flurbezeichnung ausserdem in Gettnau LU[5] und Saanen BE vor. In Leutwil ist von einem sagenhaften Sodbrunnen die Rede. Dieser sei der Mittelpunkt einer gewaltig grossen Stadt gewesen, welcher man verschiedene Namen gab. «Die Lütwiler nennen sie das Gufenstädtli und sagen, sie habe vom Kulmertal an den Dörfern Kulm, Zetzwil und Dürrenäsch über den Berg hinab bis zum Hallwilersee gereicht und sei da über die Dörfer und Waldungen von Birrwil, Nieder-Hallwil und Seon bis zur Stadt Lenzburg gegangen, wo die gleichnamige Schlosshöhe Goffisberg noch jetzt auf diesen altrömischen Stadtnamen Gufenstädtli hindeute.»[6] In Dürrenäsch nennt man die versunkene Stadt «Lorenz», zwischen Reinach und Beinwil «Hulm». Die Ausdehnung des sagenhaften Geländes scheint mit den Wegen des Wilden Heeres der Toten Seelen zu tun zu haben. Eine Geschichte mit vielen Fragen, worauf wohl der Wind am besten eine Antwort weiss, ist doch das Wilde Heer am ehesten als meteorologisches Phänomen zu erklären. Im weiteren Sinn gehört die sagenhafte Kapelle der heiligen Gisela auf der Gisliflue mit grosser Wahrscheinlichkeit in den Bereich der «Guferstatt»-Geschichten, es sei denn, wir wollten mit Georges Gloor Reste einer altbernischen Hochwacht supponieren.[7]

Für mich ist die Verschüttung eines vorzeitlichen Erbes nicht so sehr ein archäologisches Problem (mit interessanten, manchmal positiven, dann wieder negativen Befunden) als eine seelische Angelegenheit, ein Zeichen der inneren Verarmung bei gleichzeitig immer mächtigerer und weitreichender

«Erschliessung» der Welt. Pompei und Knossos, Bangkok und die Osterinseln sind heute manchen Aargauern eher bekannt als das Zauberreich auf der Rückseite der Gisliflue.

Unterwegs zur heiligen Gisela

Unser Weg führt von Lenzburg über Rupperswil (eigentlich Robyschwil), wo der Mythos vom versunkenen «Kätherlischloss» beim waldseitig Richtung Buchs gelegenen «Kätherlifeld» von einem weiteren Bestandteil der aargauischen Guferstatt zu berichten weiss. Über die Aare und den Aarekanal gelangen wir nach Auenstein, eigentlich Gauenstein, wo im Ortsteil Au ein markanter Findling am Strassenrand an die Aarefahrt der heiligen Verena erinnert, die bekanntlich auf einem grossen Stein hier vorbeigekommen sein soll. Der erratische Block liegt linker Hand der heutigen Strasse nach Veltheim. Der alte Weg zwischen Veltheim und Auenstein ist jedoch mit Rücksicht auf die einst unberechenbare Aare höher gelegen. Er führt in der Nähe der Burg Wildenstein durch eine «Hohle Gasse» aufwärts, die noch heute ihren Charakter behalten hat. Hier soll es nach alter Überlieferung «nicht richtig» sein. Ein längst verstorbener «Fährima» aus Auenstein wusste von einer weissen Frau zu berichten, die in Sommernächten hier hinabsteigen und an der Aare um Überfahrt bitten soll. Seit über fünfzig Jahren (1942) ist indes der Fährbetrieb eingestellt, und damit gibt es auch keine neuen «Fährima»-Geschichten mehr. Die Vorgänger des letzten Fergen, Fritz Wasser, wollen sich die Wartezeiten mit Goldwaschen ausgefüllt haben.[8] Auch Geschichten erzählen ist Goldwaschen.

Die «Hohle Gasse» führt uns nach kaum einer Viertelstunde zu einem weiteren magischen Ort am alten Weg nach Auenstein. Unweit des heutigen Verkehrssicherheitszentrums und des kilometerlangen Förderbandes der Jura-Zementfabrik Wildegg-Holderbank steht die unter Denkmalschutz gestellte «Dickeneich», eine gewaltige heilige Eiche im Elend ihres Greisenalters. Die Nähe zur Hochzivilisation teilt sie mit nicht wenigen der verbliebenen Kraftplätze im schweizerischen Mittelland. So wie der zauberhafte Weiher «Zum goldenen Tor» in Kloten, Eingang zu einer verschütteten Anderswelt, von Flug- und Panzerpisten umgeben ist, fristet die «Dickeneich» ihr Dasein nur noch als archaische Kuriosität am Rande dessen, was heute zu den sogenannten «wahren Realitäten» gezählt wird.

Und doch befinden wir uns an einer Stätte, an welcher der Strom der Geschichten nicht versiegt ist. Dies bezeugt alt Kirchenpflegepräsident Albert Weber, in dessen Bauernstube vor Jahrzehnten ein Schinznacher Kaminfegermeister namens Deubelbeiss folgendes erzählt hat:

Eines nachts sei der Pfarrer von Auenstein zu sehr später Stunde von Veltheim mit dem Velo heimwärts gefahren. Er, der Kaminfegermeister, sei zur gleichen Zeit von Auenstein her, in umgekehrter Richtung, ebenfalls auf dem Heimweg gewesen. Vor der «Dickeneich» sind sich die beiden Männer begegnet. Der Pfarrer von Auenstein, eine Geistererscheinung wähnend, zu Tode erschrocken, hochdeutsch: «Satan, weiche von mir, ich bin der Pfarrer von Auenstein und trage die Heilige Schrift bei mir!» Darauf der so Angesprochene: «Und ich bin der Kaminfeger von Schinznach-Dorf!»

Geschichten dieser Art bezeugen, dass Gespenstisches nicht immer mit tierischem Ernst ablaufen muss. Zwischen Auenstein und Veltheim sind nach Albert Weber noch weitere Geschichten mit teilweise neckischem Charakter im Umlauf. So kursierte während Generationen hartnäckig das Gerücht, die Veltheimer hätten den Gauensteinern eine Glocke gestohlen. Die älteste Glocke der Kirche von Veltheim stammt aus der Zeit der Eroberung des Aargaus durch die Berner (1415). Ihr Erklingen bringt einen Ton in die Gegenwart aus jener Zeit, da Veltheim noch über ein rätselumwobenes Stift mit einer dreischiffigen Basilika verfügte, in welcher ein Altar der heiligen Gisela geweiht war. Heute erinnern nur eine geringfügige geometrische Unstimmigkeit zwischen dem (alten) Kirchturm und dem Kirchenschiff und die sogenannten Pfaffenhäuser mit ihren charakteristischen gotischen Giebeln an diese versunkene Epoche, da Veltheim vielleicht ein Beromünster im kleinen gewesen ist. Hierzu hat Dorfchronist Thomas Schärli viel Interessantes zusammengetragen.

Der malerisch umrahmte Kirchplatz von Veltheim mit Kirche und Friedhof gehört zu den Örtlichkeiten, wo der alte Aargau unmittelbar sichtbar und fühlbar wird. Der Blick nach Nordosten zeigt uns ein Land, in dem wir vielleicht eine verlorengeglaubte Heimat wiedererkennen können. Eine Perspektive von Fluss- und Hügellandschaft mit der Habsburg als historischem Brennpunkt. Zugleich befinden wir uns an der Stätte, wo die Seele des Aargaus sich in einer ihrer schönsten Geschichten kristallisiert. Es geht um die Kirchentür von Veltheim, die sich jeweils beim Erscheinen der heiligen Gisela, die auf dem Baldenberg, der späteren Gisliflue, als Einsiedlerin lebte, von selbst geöffnet haben soll.

Ich bevorzuge bei dieser Geschichte die Fassung der 75jährigen Berthe Gerdes, aus der Perspektive von Oberflachs, weil es sich um eine über Grossmutter und Urgrossmutter ausschliesslich mündlich überlieferte, lebendige Volkserzählung handelt, hier erstmals veröffentlicht.[9]

Die Heilige Gisela

Wohl kaum habe ich diese kleine Legende irgendwo aufgeschrieben gesehen. Wenn ich zwischen 1923 und 1935 in Oberflachs, im Rank, bei Grossmüetti Stirnemann-Zimmermann in den Ferien weilte, musste es mir die Geschichte immer wieder erzählen.

Oberflachs, im Schenkenbergertal eingebettet, umgeben von Schlössern, Ruinen, Landvogthäusern, Rebbergen und ohne Kirche, aber mit einem Schulhaus und dem Gasthof zur Linde, war das Refugium meiner Grosseltern, die zuvor in Zürich eine Arbeiterwirtschaft geführt hatten. Sie verbrachten ihren Lebensabend dort, wo die Grossmutter, Eliseli Zimmermann (geb. 9. Nov. 1856), aufgewachsen war. Auf jeden Fall wuchs hier früher wunderbarer Flachs, der dem Dorf seinen Namen gab; auch im Wappen ist Flachs abgebildet. Nun, es ist wie überall, wenn das Volk gutmütig ist und fleissig, man plagt es, unterjocht es immer mehr. Die Landvögte quetschten heraus, was sie nur vermochten. Bei diesem Untertanengeist herrschten Armut bei den einen, Geiz bei anderen. Hexenwesen und Aberglauben gediehen prächtig.

Ein kleines neugieriges Mädchen war ich, und so sagte man mir: «Geh nicht an jenem Haus vorbei. Die Frau, die darin wohnt, hat den bösen Blick!» Meine Neugierde war aber zu gross und der Drang, alles ergründen zu wollen. Ich stellte mich hinter jenes Haus und schaute zu den geraniengeschmückten Fensterchen hinauf. Ein altes, verhutzeltes Weiblein kam heraus und fragte, was ich suche. «Die Frau mit dem bösen Blick!» – Das sei sie selber. Wir wurden gute Freunde, denn sie zeigte mir eine herrliche alte Bibel mit Kupferstichen und erzählte dazu Geschichten. An den Wänden bewunderte ich farbenfrohe Hinterglasbilder. Das ganze reinliche Stübchen strahlte. Verrufene sind nur unter unsicheren Menschen Verrufene. Das habe ich für mein Leben gelernt.

Jetzt aber wieder zum Grossmüetti, das am Fuss der Gisliflue und über dem Dorf sein Haus bauen liess über einem uralten Kellergewölbe. Oberhalb der Fluh, die sich zwischen Aarau und Oberflachs stellt, hatte die heilige Gisela oder Gisula eine selbstgefügte, armselige Hütte. Sie verbrachte ihre Stunden, Tage, Wochen und Jahre im Gebet für die hartherzige Talbevölkerung. Ihre Nahrung waren Früchte, Nüsse, Wurzeln des Waldes, manchmal ein Brot, von gütiger Hand vor die Türe gelegt. Jeden Sonntag, Sommer und Winter, in Dürre oder Schnee, wanderte sie von der Fluh herunter durch das Dorf nach Veltheim in die Kirche.

So gross war ihre Reinheit, Gottesfurcht und Selbstlosigkeit, dass sich bei ihrem demütigen Erscheinen die Flügel der Kirchentüre von selber öffneten. Zu jener Zeit müssen die Abhänge rechts und links des Tales gesegnet gewesen sein mit reichtragenden Reben. Einmal aber, als die heilige Gisela an einem Regensonntag aus der Kirche heimzu wanderte und der schmale, lehmige Weg gar glitschig war und sie kaum Halt für ihren alten, gebrechlich gewordenen Leib fand, da zog sie in der Not einen Rebstickel aus dem Boden, um rascher bei ihrer schutzbietenden Hütte zu sein. Das war gerade dort im Rank, wo später meine Grosseltern ihr Haus bauten.

Wie gross war das Erstaunen der Kirchgänger am nächsten Sonntag, als die Kirchentüre beim Erscheinen der heiligen Gisela verschlossen blieb. Niemand kennt ihre letzte Ruhestätte. Ein paar Mauerstücke sollen noch an ihr Erdendasein erinnern. Auf dieser Seite der Fluh wächst kein Wein mehr, und manche sagen, der gegenüber sei mitunter sauer.

Meinem Grossmüetti hat es jeweils missfallen, wenn ich mich als geborene Evastochter gern vor Spiegeln drehte. Es erzählte mir bei Gelegenheit immer wieder die Geschichte von der reichen Frau im Dorf unten, die auch so gern vor den Spiegeln gestanden sei.

Als es einmal von Veltheim her schon zur Kirche läutete, richtete die Frau noch immer ihr Haar. Endlich meinte sie fertig zu sein. Auch das Geläut ist grad am Ende. Nun aber kann sie ihre Arme nicht mehr herunternehmen. Die bleiben einfach immer oben. «Willst du, dass dir das auch noch passiert?» fragte Grossmüetti. Und so bin ich etwas eigen geworden, eine Frau, für die es nicht mehr wichtig ist, in welcher «Aufmache» sie unter die Leute geht. Das ist keine Entschuldigung, sondern nur eine sachliche Erklärung für manchmal Unbegreifliches.

Auf diese Weise ist «Sage» lebendig bis zum heutigen Tag. Sie alle gehören zusammen: die heilige Gisela, die Frau mit dem «bösen Blick», deren altes verwachsenes Haus beim Hofacher oberhalb eines mit Blumen geschmückten Brünnleins noch immer geheimnisvoll dasteht, das Grossmüetti, die eitle reiche Frau aus dem Dorf und schliesslich das Kind Berthe, das heute eine alte Frau ist. Mittlerweile lebt eine junge Familie mit kleinen Kindern in diesem Haus am Rank beim Gheuhübel, Oberflachs, wo die Gislijungfer ihren Rebstickel abzweigte. Gisela ist heilig, aber die Reben sind nicht minder heilig. Skeptiker werden nicht ohne weiteres glauben, dass hier einmal Wein angebaut wurde. Das ist auch nicht so wichtig. Aber dafür ist der Rank nicht einfach nur eine Kurve, sondern ein geheiligter Ort mit seiner Geschichte. Identität durch Geschichten. Die Substanz von Jahrzehnten, Jahrhunderten, tausend Jahren, erfasst in einem lebendigen Gemüt.

Die Quelle der Gisela-Überlieferung, an der einiges Wandersage, anderes historisch ist, führt uns in die Tiefen des Mittelalters. Damals lag der Aargau noch im Herzen eines Kaiserreiches mit europäischen Dimensionen. Das Jahrzeitbuch des Kapitels Frickgau enthält, wie Thomas Schärli dargetan hat, die Abschrift einer Urkunde vom 13. Februar 1277 mit dem ältesten Zeugnis der Verehrung einer seligen Gisela in Veltheim.[10] Ihr Gedenktag war der 8. Februar. Eine heilige Zeit des zunehmenden Lichts am Ausgang des Hochwinters, kurz nach Lichtmess (2. Februar), St. Blasius (3. Februar), St. Agatha (5. Februar) und St. Dorothea (6. Februar). «Dorothee gibt meistens Schnee», lautet eine alte Bauernregel. Die Stimmung dieser Tage ist auf zauberhafte Weise in der Lyrik von Erika Burkart festgehalten. Diese für den Aargau repräsentative Dichterin wurde am 8. Februar 1922 geboren. So schliesst sich ein Kreis.

Da das Dokument von 1277 bereits eine Verehrungsgeschichte bezeugt, muss Gisela einer Epoche angehören, die in den damaligen Tagen der «kaiserlosen, schrecklichen Zeit» schon um einige Generationen zurückliegt.

Spuren ihrer möglichen Herkunft führen nach alt Burgund bis ins weitere Umfeld der sagenhaften Königin Berta, welche als Tochter des Herzogs Burchard von Schwaben bleibendes Symbol jener Verbindung zwischen alemannischem und burgundischem Erbe geworden ist, welche die Tiefenstruktur der mehrsprachigen Schweiz bis zum heutigen Tag prägt. Gisela hiess zum Beispiel eine Schwester des Burgunderkönigs Rudolf III., der ohne Erben gestorben ist. Die Tochter dieser Frau, ebenfalls Gisela, war die Gemahlin des Ungarnkönigs Stephan I. Der Name Gisela kommt auch in der Verwandtschaft des heiligen Kaisers Heinrich II. wiederholt vor. Von dessen Gemahlin, der heiligen Kunigunde, ist wiederum eine analoge «Rebstickel»-Geschichte überliefert. Schliesslich soll es auch im bayerischen Passau an der Donau die Verehrung einer seligen Gisela gegeben haben.[11]

Es würde zu weit führen, die zahlreichen, von Thomas Schärli aufgezeigten Längs- und Querbezüge hier noch einmal zu referieren. Naheliegender scheint es, in Gisela eine Stifterfigur des Veltheimer Gotteshauses zu sehen, das ungefähr zur gleichen Zeit wie Beromünster, nämlich zwischen 1030 und 1040, errichtet wurde. Die Frühzeit dieses mutmasslichen Stiftes, über das wir sehr wenig wissen und das wohl eine auf halbem Wege steckengebliebene Gründung sein könnte, liegt noch weitgehend im Dunkel. Bezüge zu den Zähringern, den Schwabenherzögen und dem Gegenkönig Rudolf von Rheinfelden, dem Antipoden des berühmten Canossa-Königs Heinrich IV., scheinen vorzuliegen. Dies alles verweist ins 11. Jahrhundert. Für den versierten Lokalhistoriker Bruno Maurer ist eine relativ einfache Erklärung am überzeugendsten: Das Gotteshaus Veltheim wurde im Mittelalter zu einem für aargauische Verhältnisse bedeutenden geistlichen Zentrum. Gewiss haben hier auch Geistliche aus (nieder)adligen Familien aus der Umgebung gelebt. Die heilige Gisela könnte zum Beispiel die Mutter eines unehelich geborenen höheren Geistlichen aus dem Landadel des Schenkenbergertales gewesen sein, der zum Stift Veltheim gehörte. Von daher liesse sich ein Wohnsitz der Frau etwas abseits gegenüber den Burgen Schenkenberg und Kastelen erklären.[12]

Bei dieser hypothetischen Version überzeugt mich am ehesten die Wahrscheinlichkeit einer Mutterverehrung als Ursprung des Gisela-Kultes. Dies drängt sich vor allem bei einem Vergleich der Gisela-Legende mit den Geschichten um die heilige Verena in Zurzach und die heilige Idda von Toggenburg auf. Bei Verena und Idda scheint es sich jeweils um eine Muttergestalt möglicherweise im Zusammenhang mit Stiftern (Zurzach, Fischingen) zu handeln. Im Verlauf der Überlieferung wurden diese Mütter mit einer «Vita», einer Heiligengeschichte mit Verkündigungscharakter, ausgestattet, in die Historisches und Bestandteile klassischer Heiligenleben eingegangen sind. Diese Geschichten haben sich dann auf vielfältige Weise mit der Geschichte der Region verbunden. Mit dieser für mich nächstliegenden These möchte ich keineswegs die Geschichten, an denen das Volk hängt und von denen es lebt, entmythisieren. Im Gegenteil. Sollte es sich bewahrheiten, dass wir es bei der lieblichen Idda, der barmherzigen Verena und der einsamen Fluhfrau Gisela mit Müttern zu tun haben, die von ihren Nachkommen mit gutem Recht für heilig gehalten und später zu regionalen Landesmüttern erhoben wurden, scheint eine angemessene Verehrung dieser Frauen heute noch sinnvoll. «Verehrung» muss nicht im engeren Sinn religiös gemeint sein, sondern kann im Sinne des Schelerschen Grundwerts des Heiligen verstanden werden. Die Erfahrung unserer Heimat als Mutterland, die Heiligung der Mütter, könnte uns helfen, mit unserem Landschafts-, Kultur- und Seelenerbe schonend und verantwortungsvoll umzugehen.

Frauenmystik

Als die heilige Verena auf der Aare von Solothurn nach Zurzach am Rheine fuhr, wo sie nun begraben liegt, führte sie ihr Wasserweg auch am Städtchen Klingnau vorüber. Die Einwohner drinnen hatten die Heilige schnell erkannt und bemühten sich, sie mit lautem Glockengeläute zu beehren; allein sie mochten noch so sehr am Kirchenseile ziehen, die Glocke droben – man sagt, sie sei irden oder gesprungen gewesen – gab keinen Ton. «Klingel doch au!» riefen sie ärgerlich empor, allein sie blieb stumm, und währenddem war die heilige Verena schon vorbeigefahren.[13]

In Klingnau brauchte die heilige Verena nicht auszusteigen, denn dort sind zwei heiligmässige Mystikerinnen aus dem Umfeld von Heinrich Seuse und Elsbet Stagel aufgewachsen, die in herausragender Weise ein Leben voll schwerer Krankheiten mit einer überströmenden Phantasie und begnadeter Spiritualität zu bewältigen vermochten. Für die Geschichte der Stadt Klingnau sind die beiden Frauen, von welchen wir authentische biografische Zeugnisse haben, bis jetzt nicht wichtig gewesen. Für die Geschichte der Spiritualität im Aargau sind Sophie von Klingnau und Anna von Klingnau ebenso wie Elsbet Bächli, letztere mit einiger Wahrscheinlichkeit aus Würenlingen oder Endingen, jedoch unentbehrlich.

Die Lebensgeschichten dieser Frauen sind uns in der literarisch stilisierten Form eines mystischen Lebenweges von keiner geringeren als der bedeutendsten Schweizer Schriftstellerin des Mittelalters überliefert: Elsbet Stagel vom Kloster Töss, Weggefährtin und Biografin von Heinrich Seuse, die in der ersten Hälfte des 14. Jahrhunderts lebte. In dieser Zeit sind auch die Lebensdaten der genannten Frauen anzusetzen, auch wenn es bis jetzt nicht versucht worden ist, sie näher zu identifizieren. Immerhin ist zum Beispiel in der Vita der Anna von Klingnau noch von weiteren Beginen (Frauen, die in klosterähnlichen Gemeinschaften lebten) aus der Region die Rede, so von einer Lücki aus Klingnau und einer Klausnerin aus Endingen. Überdies verfügte Würenlingen im Spätmittelalter über einen blühenden Beginenhof, über den der Würenlinger Dorfhistoriker Fridolin Meier eine beachtliche Studie geschrieben hat.[14] Die grosse Zeit der Würenlinger Beginen war demnach das 14. und 15. Jahrhundert. Wir dürfen dabei von einem reichen geistlichen Leben ausgehen, insofern die Lebensgeschichten bei Elsbet Stagel wohl die Hochblüte der Frauenmystik im Aargau darstellen.

Höchst eindrucksvoll bleibt, wie es Elsbet Stagel gelingt, mit Perspektiven, die keinesfalls mit moderner Psychologie zu verwechseln sind, die innerseelischen Nöte, Freuden und Erhebungen von Frauen dieser Zeit darstellbar zu machen. Dabei hebt sie immer wieder hervor, dass diese Geheimnisse der Seele erst im Rahmen einer feinfühligen diskreten Beziehung durch zurückhaltendes Nachfragen zum Vorschein gekommen seien. Über Elsbet Bächli schreibt sie: «Nun hätte ich gern etwas von ihr gewusst und brachte sie mit vorsichtigen Worten dazu, dass sie es mir erzählte.»[15]

Oder über Sophie von Klingnau entschiedener: «Eine Schwester (Elsbet Stagel) ... bat sie und drängte, dass sie ihr um Gottes willen sage, welches der Trost sei, den sie von Gott empfangen.»[16]

Über Anna von Klingnau, ein «leuchtendes Licht in ihrem erhabenen Leben», vernehmen wir, dass sie die lateinische Sprache beherrschte und eine fleissige Leserin war, eine Bildungsgrundlage, die zum Beispiel noch über hundert Jahre später Niklaus von Flüe nicht zur Verfügung stand. «Wenn sie zuweilen im Winter in den Baumgarten ging, sass sie so lange im Gespräch mit irgendeiner Schwester dort, dass den beiden das Gewand gefroren war, wenn sie aufstehen wollten.» Dies die Folge der Begierde, «von Gott zu reden».

Danach auferlegte ihr unser Herr grosses Leiden, so dass sie bis zu ihrem Tod nie mehr gesund war. Und obschon ihr darin nie Erleichterung zuteil wurde, so war sie fleissig im Chor, und weil sie nicht stehen konnte, so sass sie in ihrem Stuhl und sang. Sie hatte auch so grossen Eifer für die allgemeine Arbeit, dass sie oft und zu jeder Zeit im Bette spann, und dann hatte sie diese Worte vor sich, auf die Kunkel geschrieben: «Je siecher du bist, je lieber du mir bist. Je verschmähter du bist, je näher du mir bist. Je ärmer du bist, je ähnlicher du mir bist.»

Diese Worte sprach sie oft verlangend vor sich hin. Sie behauptete, Gott selber spreche so zu einem Menschen. Wir aber glauben bestimmt, dass sie jener Mensch gewesen ist.[17]

Auffällig ist, dass Anna von Klingnau vom Kloster Töss aus Beziehungen zu ihrer Heimat gepflegt haben muss, wie der Bericht von zwei Freundschaften mit Schwestern aus dem unteren Aaretal bezeugt. Sophie von Klingnau, eine der grössten Visionärinnen der Schweiz, musste am Anfang ihres Weges kaum fassbare Depressionen durchmachen, die bei Elsbet Stagel auf der Höhe des damals zur Verfügung stehenden geistlich orientierten Wortschatzes geschildert werden. Am Ende des Tunnels standen Lichtvisionen und Ekstasen, auch die Fähigkeit, selbst heftigste Schmerzen zu ertragen. Worte von Sophie von Klingnau, aufgeschrieben von Elsbet Stagel:

«Die Seele ist ein so ganz geistiges Wesen, dass man sie keinem körperlichen Ding recht vergleichen kann. Doch da du es so sehr begehrst, so will ich dir ein Gleichnis geben...: Sie war ein rundes, schönes und durchdringendes Licht, der Sonne gleich, und von einem goldfarbenen roten Schein, und dies Licht war so gar über alle Massen schön und wonniglich, dass ich es mit nichts vergleichen kann. Denn wären alle Sterne, die am Himmel stehn, ein jeder so gross und schön wie die Sonne, und strahlten sie alle als ein Licht: der Glanz von ihnen allen könnte sich nicht der Schönheit vergleichen, die in meiner Seele war, und es deuchte mich, wie wenn ein Glanz von mir ausginge, der alle Welt erleuchtete...»[18]

So stark war dieses Lichterlebnis, dass Sophie nach der Phase jahrelanger Verzweiflungszustände von sich behauptete: «da erhob ich mich und war der freudenreichste Mensch, der, wie mich deucht, je auf Erden war. Denn ich achtete alle Freude, die alle Menschen je erlebt oder jemals noch erleben können bis zum jüngsten Tag, als klein gegenüber meiner Freude, so klein, wie eines kleinen Mückleins Kralle ist gegenüber der Grösse der ganzen Welt.»[19]

Sophies Welt! Eine Botschaft aus der aargauischen «Guferstatt». Der Glanz, der von dieser Gestalt ausgeht, kann auch noch nach Jahrhunderten in seinem Leuchten wahrgenommen werden. Kaum überbietbar in ihrer Intensität sind die Visionen von Elsbet Bächli, die den in der Pfarrei Klingnau viel verehrten Bischof Blasius zu ihren Lieblingsheiligen zählt. Elsbet Bächlis Gedichte sind im Vergleich zu denen ihrer Mitschwestern aussergewöhnlich anschaulich, im umfassenden Sinne sinnlich, auf unbefangene und intensive Weise erotisch. Mir ist in der aargauischen Kultur- und Geistesgeschichte keine Frau bekannt, die ein unendlich tiefes inneres Liebesleben vergleichbar plastisch in Worte und Bilder zu fassen vermochte wie Elsbet Bächli. Ihre Umarmungsvisionen machen sie zu einer authentischen Vorläuferin des Ekstatikers Niklaus von Flüe, der in der Fortentwicklung der Mystik in der Schweiz eine weniger einmalige Erscheinung ist, als man vielleicht denkt. Die Einheit von Mystik und Erotik ist bei Elsbet Bächli natürlicherweise (was aber nicht selbstverständlich zu sein braucht) stark aus der Perspektive weiblichen Empfindens geprägt: In Betrachtung des Elends unseres Herrn in der Wüste «nahm sie seine Füsse im Geiste an ihren Busen und durchwärmte sie ihm recht wohl». Ein anderes Mal sieht sie «unsern Herrn, wie er als Kindlein gewesen, vom Altar herabgehen..., und er trug ein seidenes Röcklein von Aussehen wie brauner Samt, und er kam gar vertraut auf sie zu und setzte sich auf die Bank vor ihr. Nun sprang sie auf, ganz voller Verlangen, wie ein Mensch, der von Sinnen gekommen, und riss ihn an sich und setzte ihn auf ihren Schoss und setzte sich auf den Platz, wo er gesessen hatte, und liess ihm alles Freundlichste zuteil werden, nur, dass sie sich nicht getraute, ihn zu küssen. Also sprach sie aus herzlicher Liebe: ‹Ach, Herzensgeliebter, darf ich dich küssen?› Da sprach er: ‹Ja, nach deines Herzens Verlangen, soviel du willst!›»[20]

Auffällig ist, wie hier innerste Gefühle in der Bildwelt und Sprache der Spiritualität mutmasslich erstmals überhaupt in der europäischen Frauengeschichte zur biografischen Darstellung kommen.

Pilger und Landfahrer und ein vergessener Held

Würenlingen, das ehemalige Beginendorf, welches bis 1779 zur Pfarrei Klingnau gehörte, bezeugt eine der merkwürdigsten Pilgergeschichten, die sich im Aargau ereignet haben. Es handelt sich um den letzten katholischen Bettlerheiligen Benedikt Joseph Labre (1748–1786), der in der modernen Hagiografie etwa bei Reinhold Schneider und Walter Nigg eine bekanntermassen grosse Rolle spielt. Erstmals dargestellt wurde diese Episode aus der geheimen Geschichte des Aargaus in Fritz Meiers Gedenkschrift «Christen unterwegs»[21], der wir hier folgen.

1782 durchstreifte Benedikt Joseph Labre das untere Aaretal auf einer weiten Wanderung mit Umwegen nach Italien.

Die Michaelskirche auf dem Berg ist ihm ein Zeichen. An einem Gotteshause kann Benedikt nicht vorübergehen. Nur vor dem Altar gewinnt sein knöchernes Gesicht den Frieden, den dieser junge Bettler sucht.

Sechs Stunden schon bete ein Mann in der Kirche, meldet die Magd dem Pfarrer. Der Priester lässt den Beter zu einem kargen Mahl holen; Benedikt lehnt dankend ab. Ob der Pfarrer ein altes Brevier habe, dessen er sich ohne Schaden entledigen könne? Schon öfters sind Bettler am Pfarrhaus vorbeigekommen, ein Essen hat noch keiner ausgeschlagen. Neugier treibt den Pfarrer, den Unbekannten nochmals zu Tisch zu laden. Pfarrer Staiger (Johann Caspar Staiger, 1735–1806) nimmt sich Zeit und blickt dem Fremden ins Gesicht. In seiner Ratlosigkeit lässt der Priester den Gast lateinische Sätze lesen. Benedikt aber bringt den Pfarrherrn in Verlegenheit durch die Klarheit seiner Rede. Der Priester spürt: Hier hat ein Mensch die Brücken hinter sich abgebrochen und ist wie Abraham in ein Land gezogen, das er nicht kannte. Benedikt trägt den Durst nach Unendlichkeit in sich. Und obwohl er Gott nie gesehen hat, ist er wie ein Zugvogel, der, an einem fremden Ort geboren, eine geheimnisvolle Unruhe empfindet, wenn der Winter naht; eine Sehnsucht nach der Heimat, die er nie gesehen hat und zu der er aufbricht, ohne zu wissen, wohin.

Der Pfarrer schenkt dem Bettler ein Brevier. Benedikt wird für ihn und seine Pfarrei beten auf seiner Reise nach Rom, so wie er in der Michaelskirche betete, die erst seit drei Jahren Pfarrkirche ist. Während es in Europa donnert, trifft Benedikt in Italien eine Erleuchtung: Es sei der Wille Gottes, alles Angenehme in der Welt endgültig zu verlassen, um ein schweres Bussleben zu führen. Nicht in der Wildnis, sondern mitten in der Welt, als Pilger der grossen Wallfahrtsstätten. Beichtväter wollen den Büsser zu einer geregelten Arbeit führen. Vergebens.

Wallfahrer und Pilger, unter denen der Geschilderte innerhalb der Grenzen des Aargaus sicher einer der merkwürdigsten war, finden wir ausser in Todtmoos (Schwarzwald), dem Achenberg bei Zurzach und Mariawil bei Baden, wo sich früher eine Waldbruderei befand, besonders häufig im Freiamt. Die Kapelle im Jonental hatte und hat unter den kleinen Tageswallfahrtsorten sicher die grösste Anziehungskraft. In Buttwil im Bezirk Muri wird die Erinnerung an die Jakobspilgerschaft gepflegt, die Jakobsmuschel ist ins Gemeindewappen eingegangen. In unmittelbarer Nähe befindet sich der Hof Langenmatt bei Muri, die Geburtsstätte des wundertätigen Priesters Burkhard von Beinwil im Freiamt, dem nach der einen Version eine Dohle, nach der anderen ein gezähmter Kranich wider seine Feinde behilflich war. Die Pfarrkirche Beinwil mit ihrer eindrücklichen Renaissancekrypta und den Reminiszenzen an diesen liebenswerten Heiligen gehört heute zu den stillen Orten der Kraft im Schosse des Lindenbergs. Auch die blutrünstige Story von den drei enthaupteten Angelsachsen in Sarmenstorf ist eine Pilgergeschichte, daran erinnernd, dass Pilgerschaft und Kriminalität sich oft mannigfach überkreuzten. Kein Wunder, versuchte man zu Beginn des 19. Jahrhunderts auch im Aargau unter dem Einfluss des Konstanzer Generalvikars Ignaz Heinrich von Wessenberg dem sogenannten Wallerunwesen Einhalt zu tun.[22]

Mit den Helden im Aargau können wir uns kurz fassen. Die meisten kommen von auswärts, und in der Vergangenheit war ihr bevorzugter Aufenthaltsort das Kittchen in der Festung Aarburg, welches noch 1852 einen prominenten politischen Häftling aus Klingnau, Johann Nepomuk Schleuniger (1810–1874), den Katholikenführer, Kämpfer für die Volksrechte und Opponenten gegen die bürgerliche Gleichstellung der Juden, beherbergte. Die eindrucksvollsten Häftlingsgeschichten stammen jedoch aus der Zeit vor und um 1798. Hier sassen verschiedene Kämpen des Bauernkrieges ein, aber auch Politische aus der Zeit des ausgehenden Ancien Régime, Jacques Barthélemy Micheli du Crest, der von Bern 1747/48 und 1749–1766 in der Festung gefangengehalten wurde. Als sinnvolle «Freizeitbeschäftigung» schuf Micheli du Crest in der Haftzeit ein Alpenpanorama, das erste seiner Art.[23]

Legendär ist der gewaltige Walliser Riese Sebastian Weger, genannt Wegerbaschi (1779–1834), eine einmalige Gestalt der Schweizer Geschichte und Volksmythologie.[24] Gebürtig aus dem Oberwalliser Dorf Geschinen, war er einer der wichtigsten Führer des Widerstandes im Oberwallis gegen die Franzosen im Frühjahr 1798. Er stammte aus einer Familie, die traditionell Milizionäre in fremden Kriegsdiensten stellte. In der kantonalen Milizarmee war Baschi Hauptmann. Nach dem missglückten Aufstand im Frühjahr 1798 bekam er zunächst im Schloss Chillon, wo schon François Bonivard und andere Helden der Westschweiz eingesperrt waren, Kerkerluft zu wittern. Während andere Verantwortliche im Sommer 1798 freigelassen wurden, überführte man Wegerbaschi nach Bern und später Aarburg, wo er nachweisbar bis August inhaftiert blieb. Bei seinen gewaltigen Bärenkräften, mit denen er der Sage nach im Wallis mit Leichtigkeit gewaltige Steinklötze versetzte, hätte es ihm wohl möglich sein müssen, wie später der grosse Räuber Bernhart Matter aus der Feste Aarburg auszubrechen. Er hat es bleiben lassen, vielleicht auch, um dem Aargau die Gegenwart eines echten Alpenhelden zu gewähren. Über Baschis Aarburger Zeit erzählt man sich im Wallis die folgende Geschichte: «Im Kriegsdienst erhielt er stets eine doppelte Mundportion. Als er in die Kriegsgefangenschaft des französischen Residenten Mangourit geriet und in Aarburg eingesperrt wurde, waren dem Wegerbaschi aber auch die zwei Portionen ungenügend. Er fastete deshalb je einen Tag, schnallte den Ledergurt fest zu, während er ihn anderntags wieder erweiterte und die vier Portionen auf einmal verzehrte. Diesem Verfahren habe er es zu verdanken, dass er nicht Hungers gestorben sei, sagte er oft.»[25]

So weit das Schicksal eines Riesen im nachmaligen Kanton Aargau. Für Riesen hatte der berühmteste Landfahrer überhaupt, der je das Kantonsgebiet durchquerte, nämlich Theophrastus von Hohenheim, genannt Paracelsus (1493–1541), viel übrig, auf jeden Fall mehr als für die politisch Herrschenden seiner Zeit. Deswegen hat er zeit seines Lebens den Bereich des Magischen und Mythischen bei seinen Bemühungen um die Erneuerung der Wissenschaft ernstgenommen, obwohl er sich im Innersten die Vorstellungen des Volkes keineswegs zu eigen machte. In seinem «Liber de nymphis» (1537) formuliert er so etwas wie ein Programm der magischen Volkskunde, wenn er verkündet: «Seliger ist, zu beschreiben den Ursprung der Riesen, dann zu beschreiben die Hofzucht. Seliger ist, zu beschreiben (den Wassergeist) Melosinam, dann zu beschreiben Reytterey und Arthillerey.»[26]

Nächste Doppelseite: Auf dem Golfplatz in Schinznach Bad.

Auf dem Golfplatz in Schinznach Bad.

73

Der grösste der drei aargauischen Seen: der Hallwilersee.

75

Auf dem Flugplatz Birrfeld.

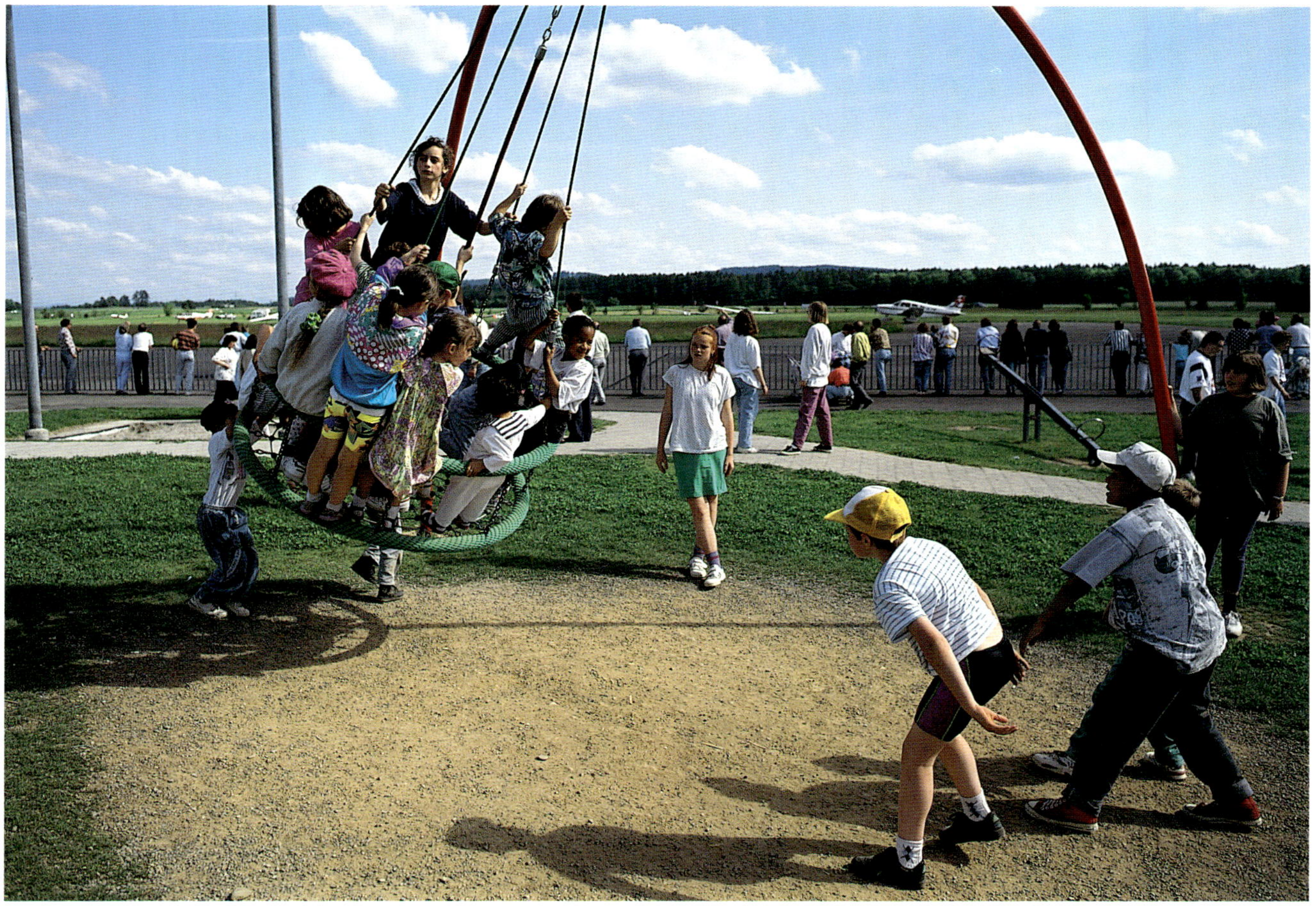

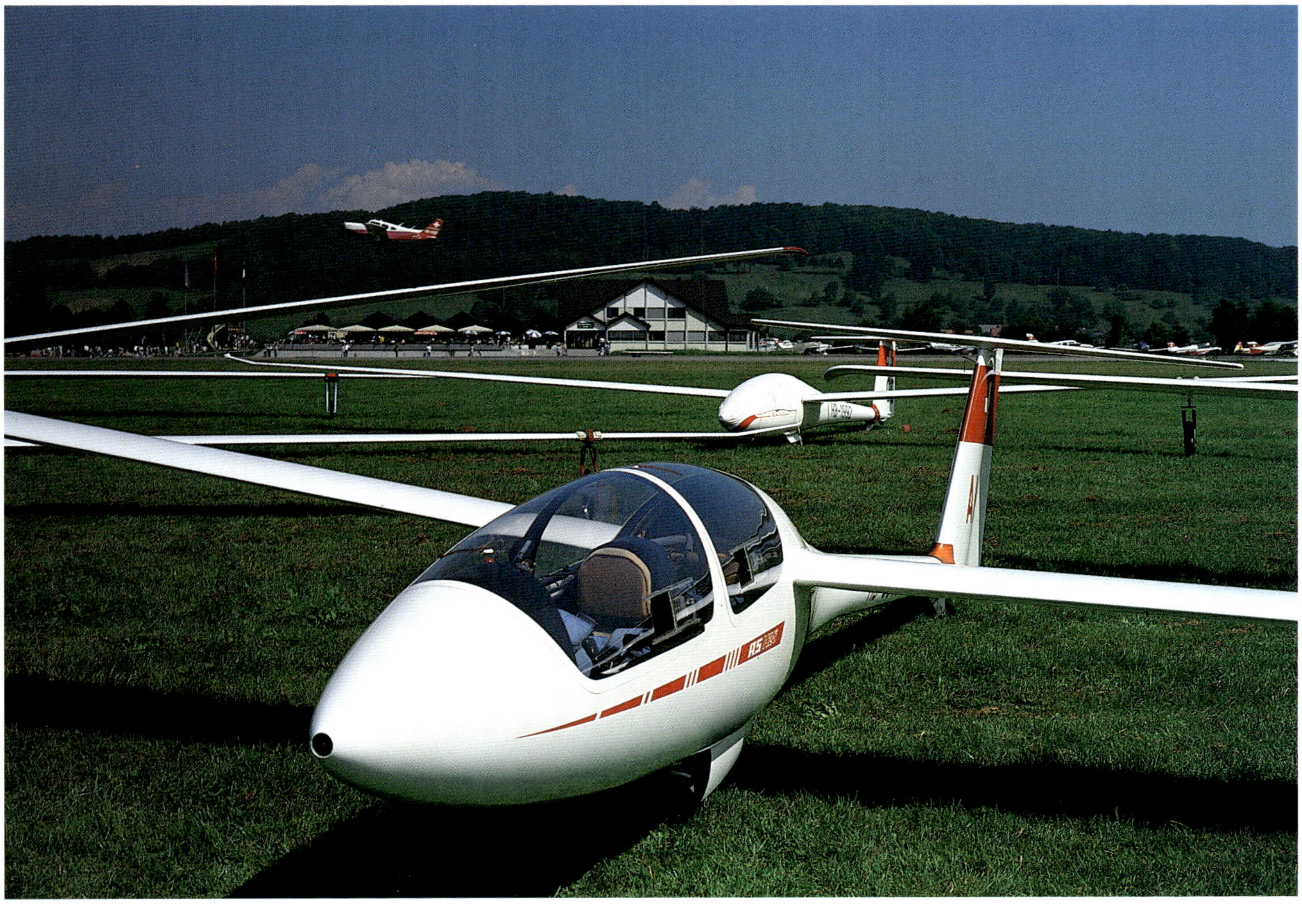

1.-August-Feier in Unterbözberg, Vier Linden.

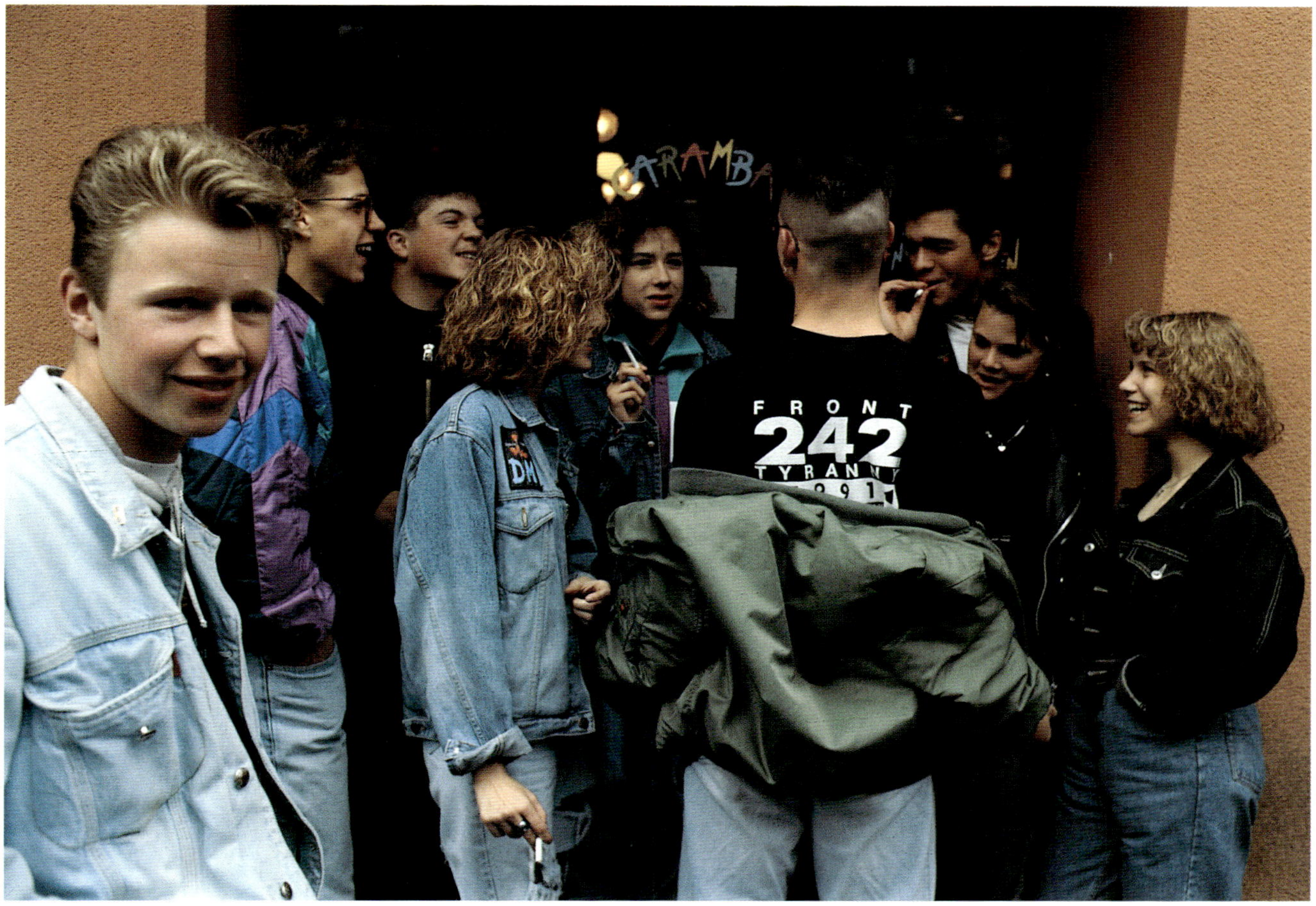
FRONT
242

Nachbarliche Gespräche in Aarau. ☐ Objektkünstler Sigi Zingg in Niederrohrdorf.

Dorforiginal Hans Beck in Zeiningen.

Spielende Kinder in Aarau, auf einem Bauernhof auf dem Beinwiler Homberg und in den Betonlauben der Telli-Hochhäuser in Aarau.

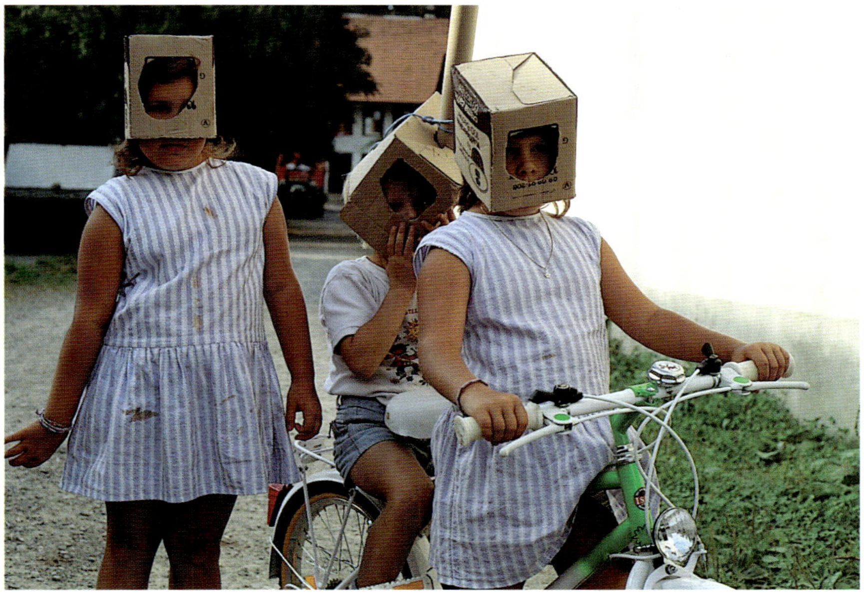

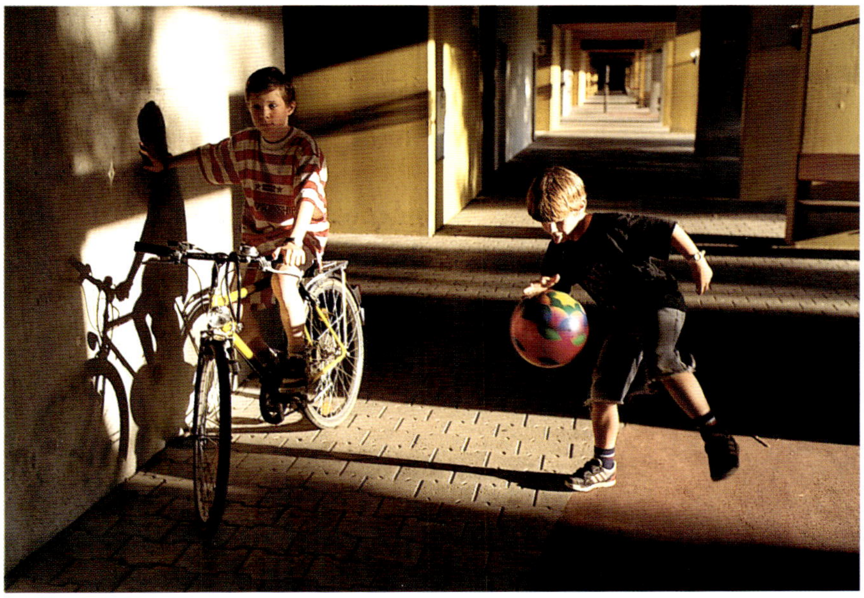

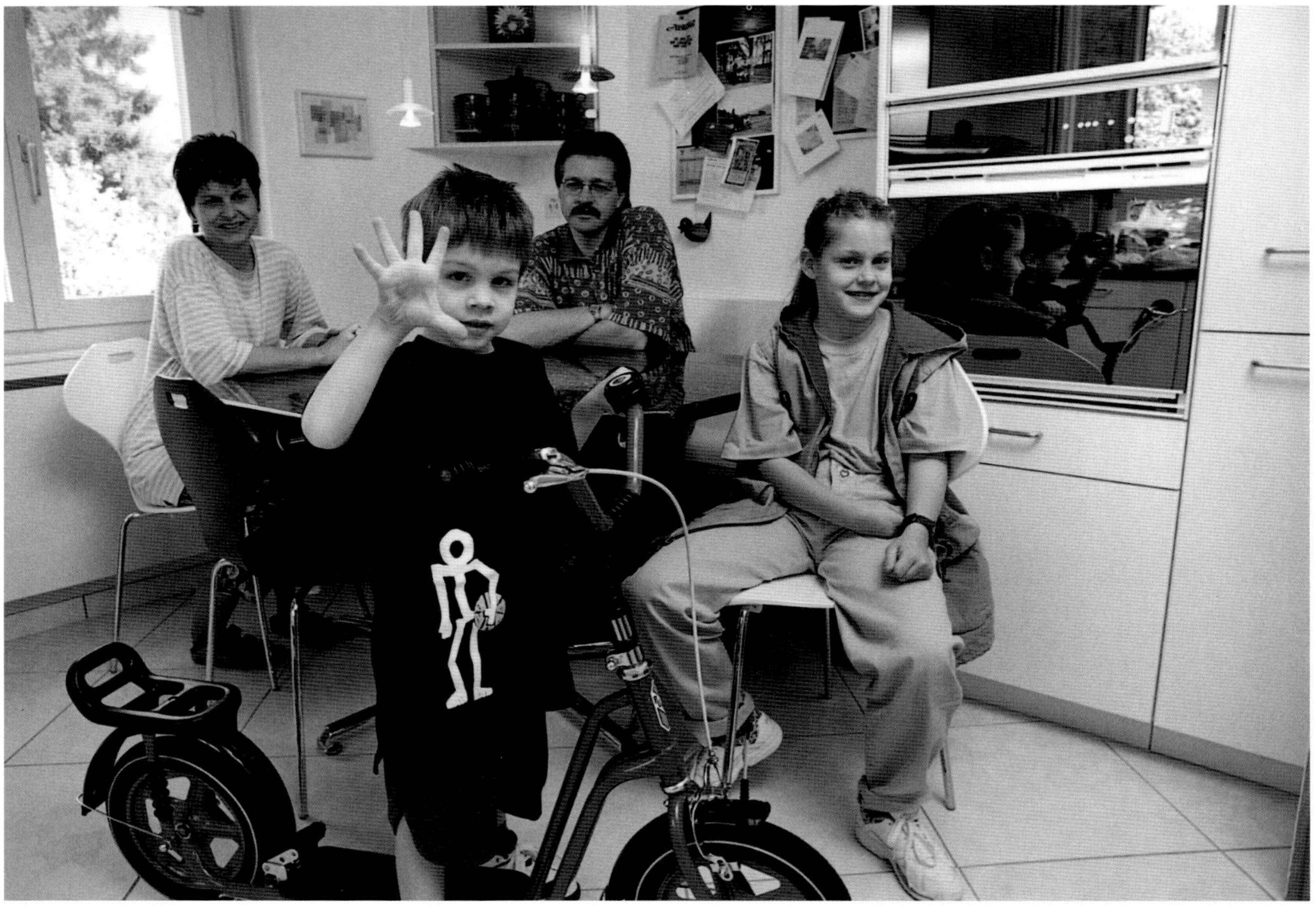

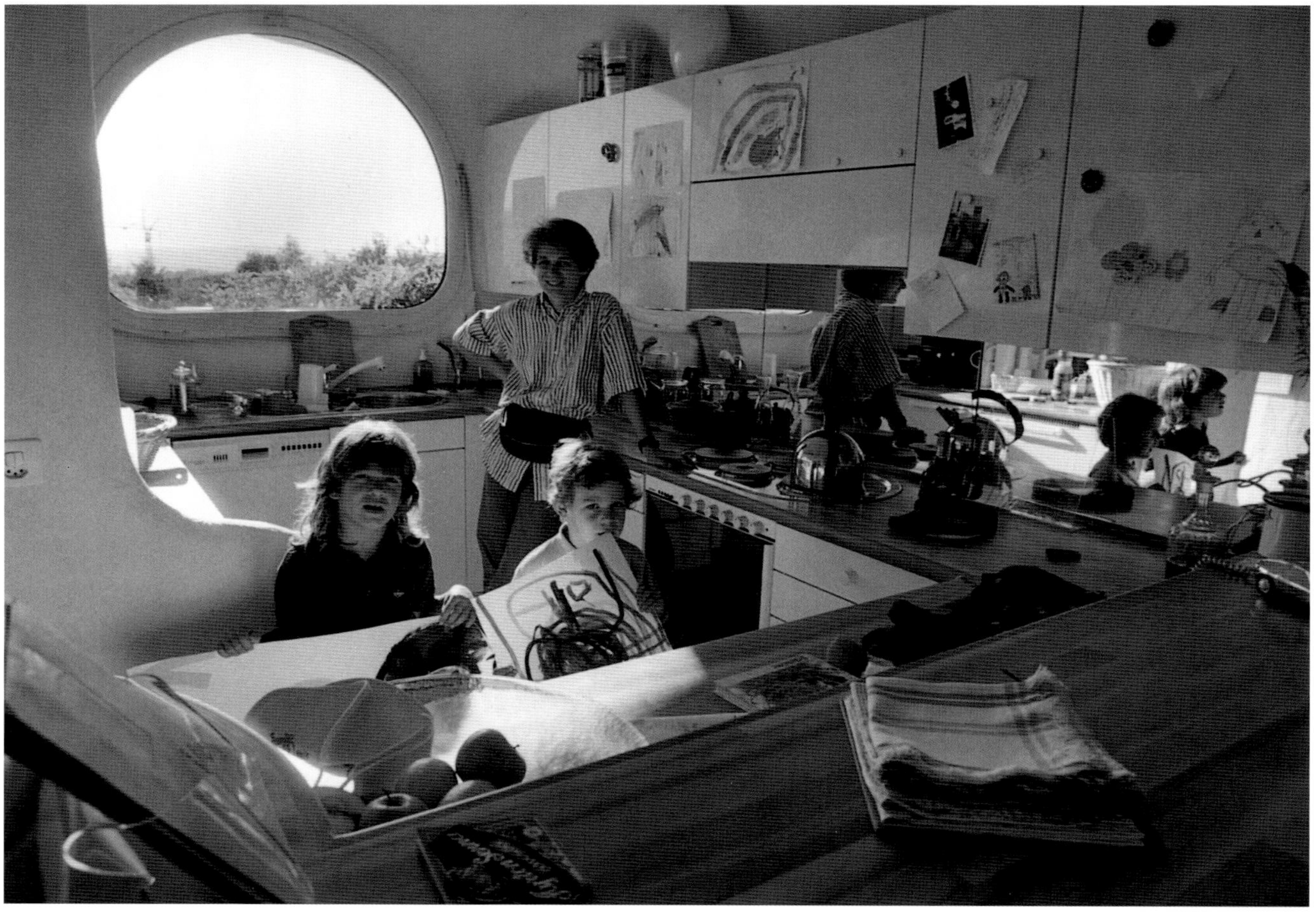

Aargauer Familien. ☐ Links unten: Im Innern eines mit Erde bedeckten Öko-Hauses in Arni auf der Kellerämter Höhe.

Aargauer Familien.

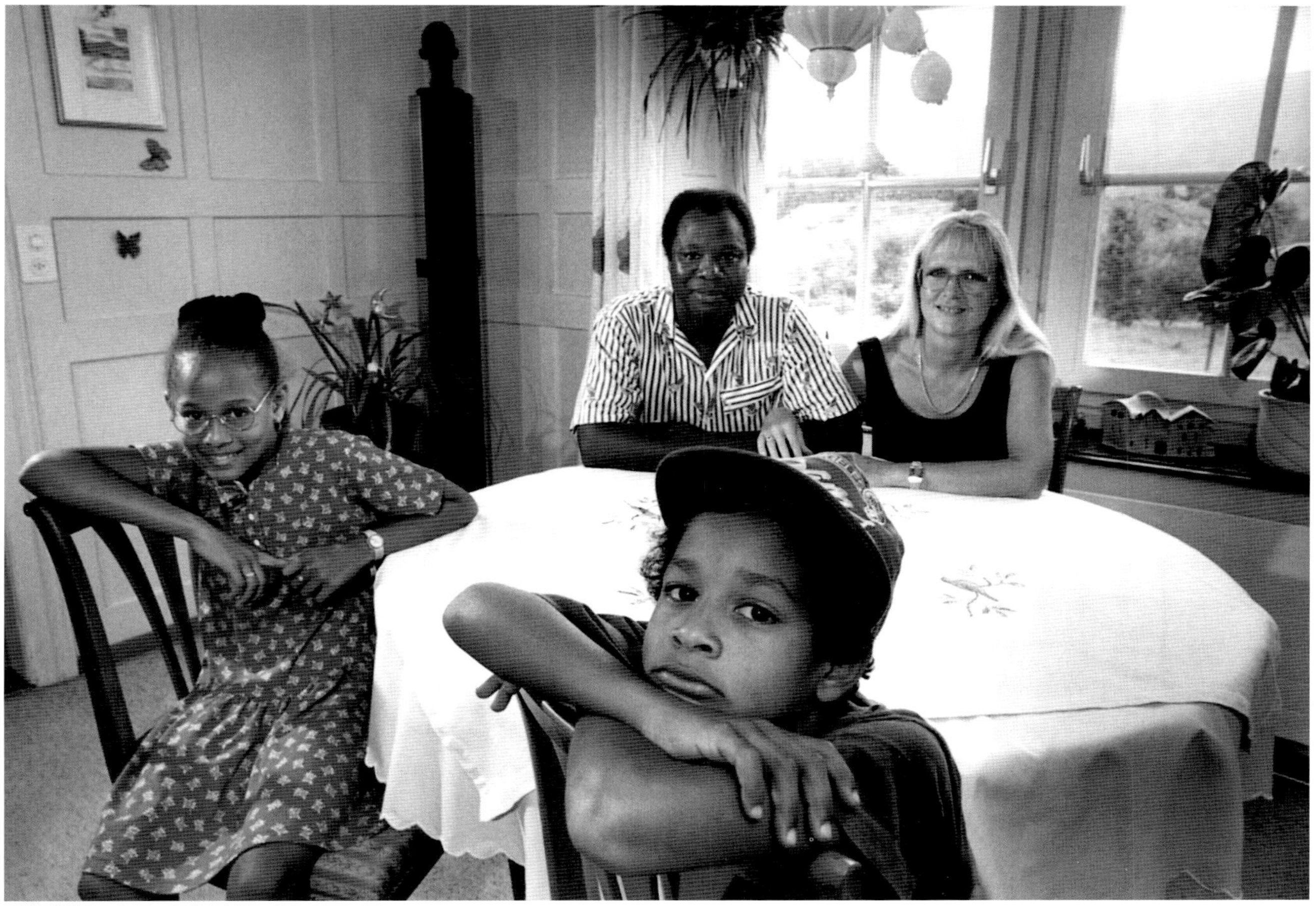

Bosnische Familie im Wynental. ☐ Flüchtlingsfamilie aus Sri Lanka in Buchs.

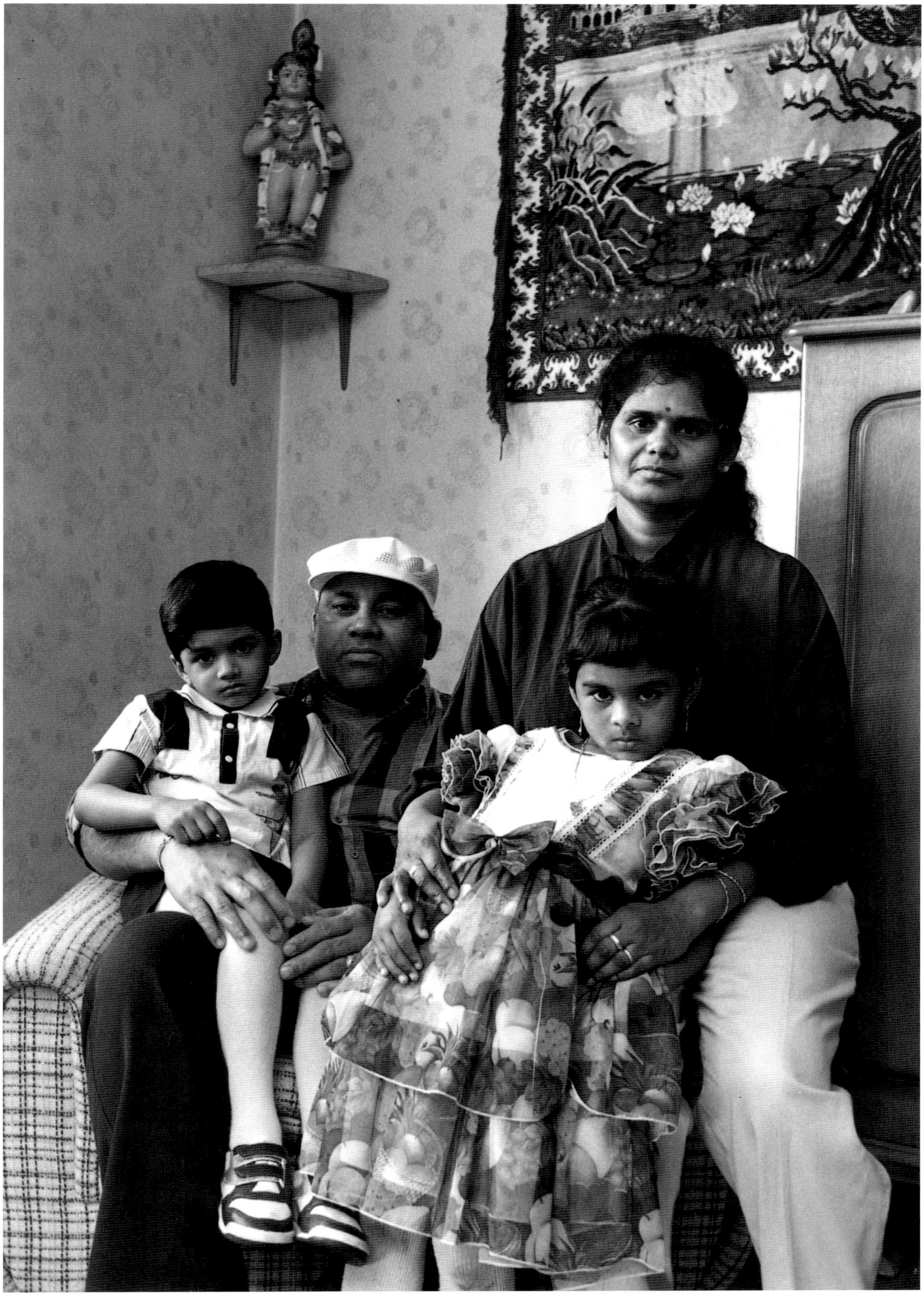

Strafanstalt Lenzburg: Strafgefangene in ihrer Zelle.

Seit 1864 steht die Kantonale Strafanstalt in Lenzburg. Blick vom Goffersberg.

Ruhe nach dem Handel auf dem Viehmarkt. Das mittlere Wappen mit der stilisierten Rose verrät den Marktort: Villmergen. ☐ Beim Schwingen gelten vorgeschriebene Griffe an Zwilchhose und Gürtel. An einem Schwingfest in Rütihof bei Gränichen. ☐ Neben Sennenschwingern in Alltagshose und Hemd gibt es die weissgekleideten Turnerschwinger.

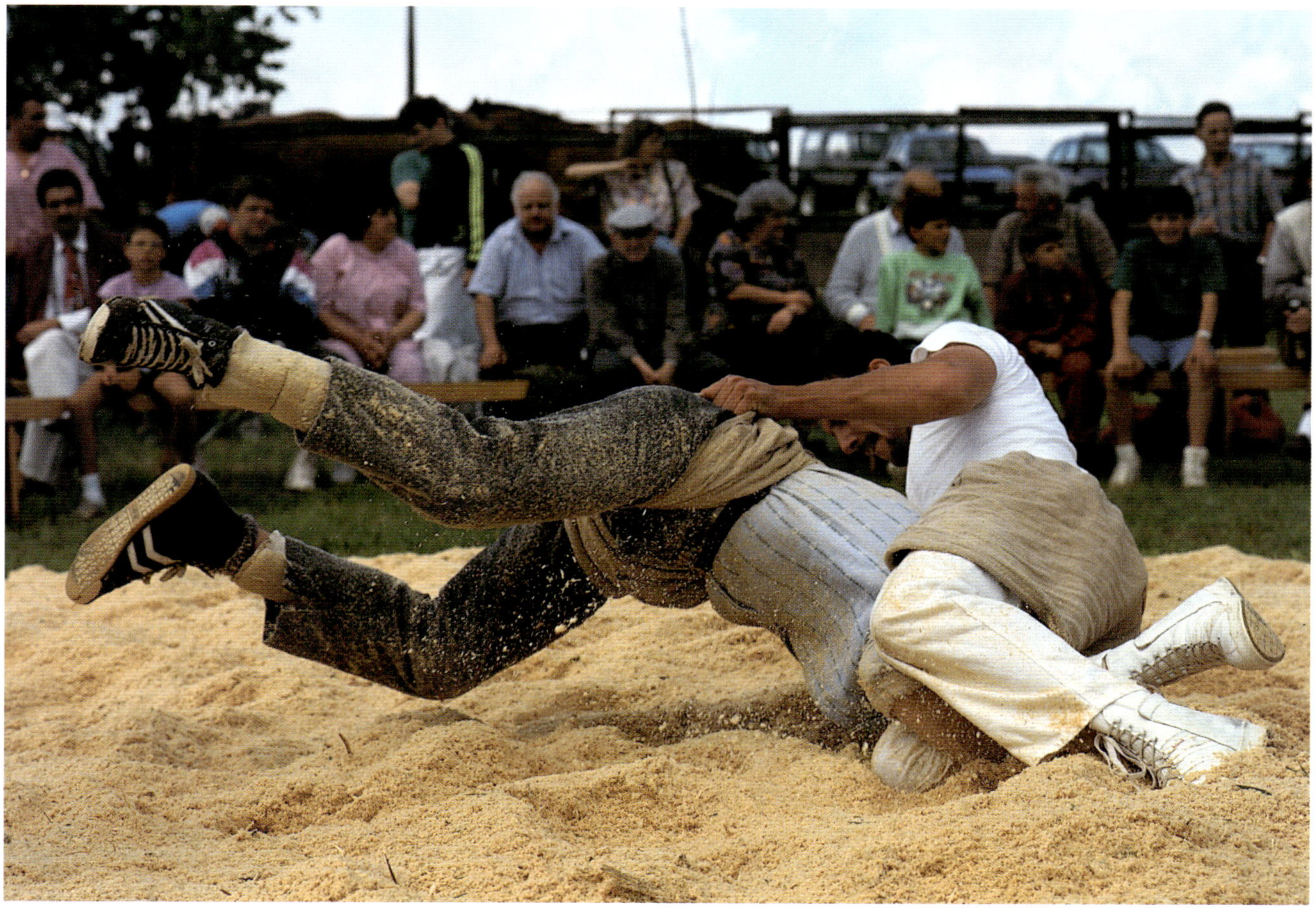

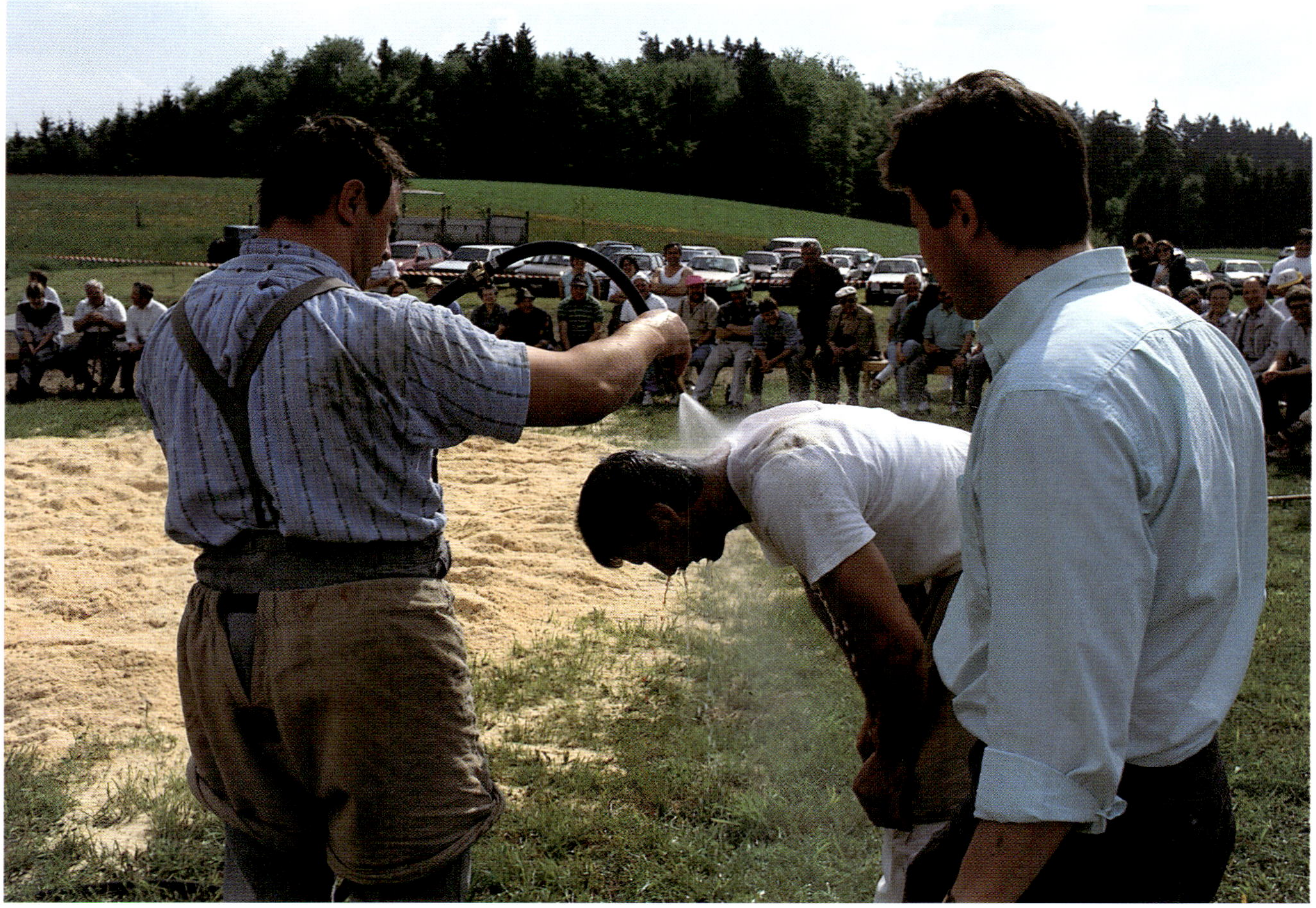

Die Hauptstadt stellt den einzigen Fussballverein der Nationalliga A. Entsprechend gross ist der Besucherzustrom.

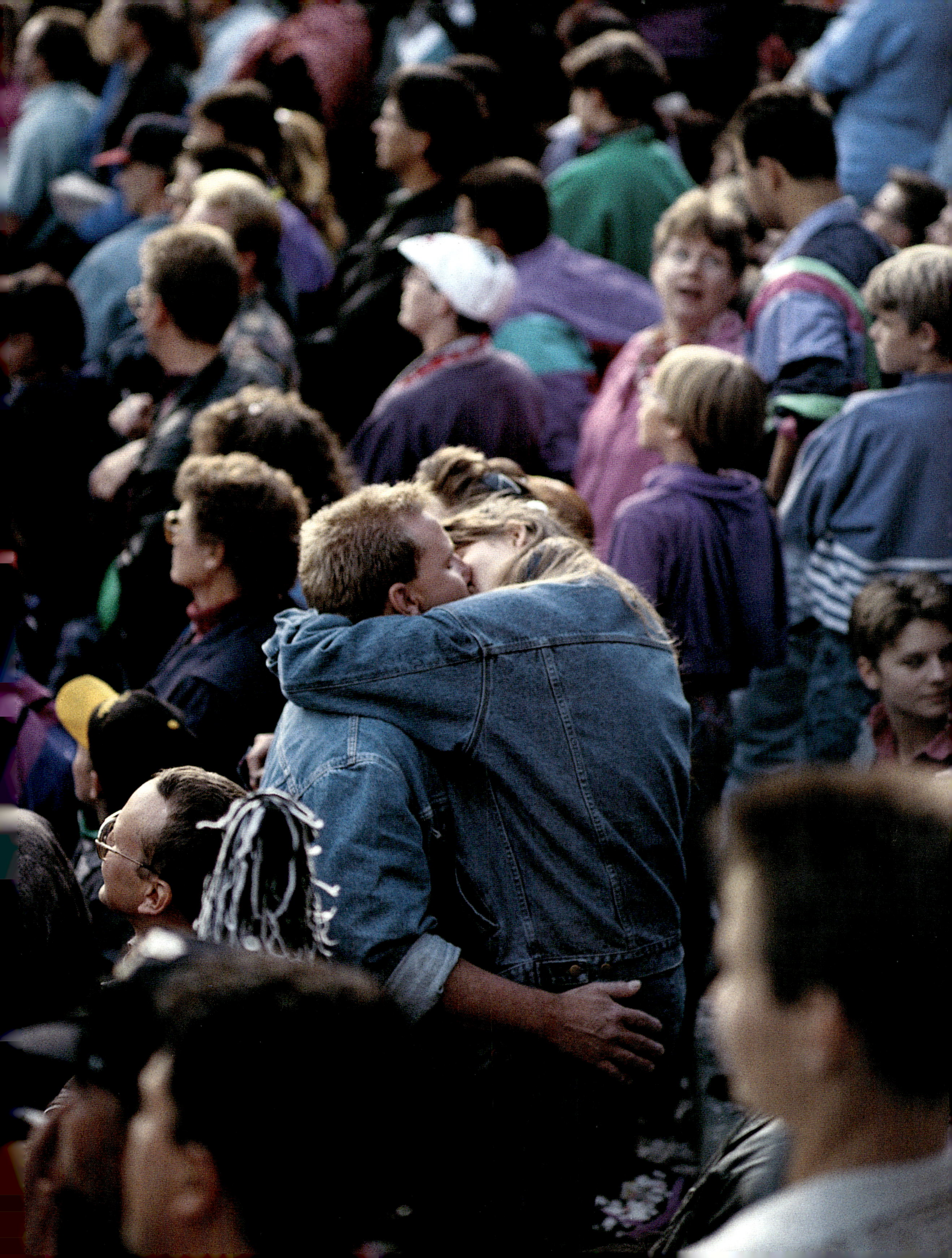

Gäste bei Motorsportveranstaltungen fallen häufig durch ihre besondere Montur auf, wie hier am Wohlener Motocross in der Nähe von Hilfikon.

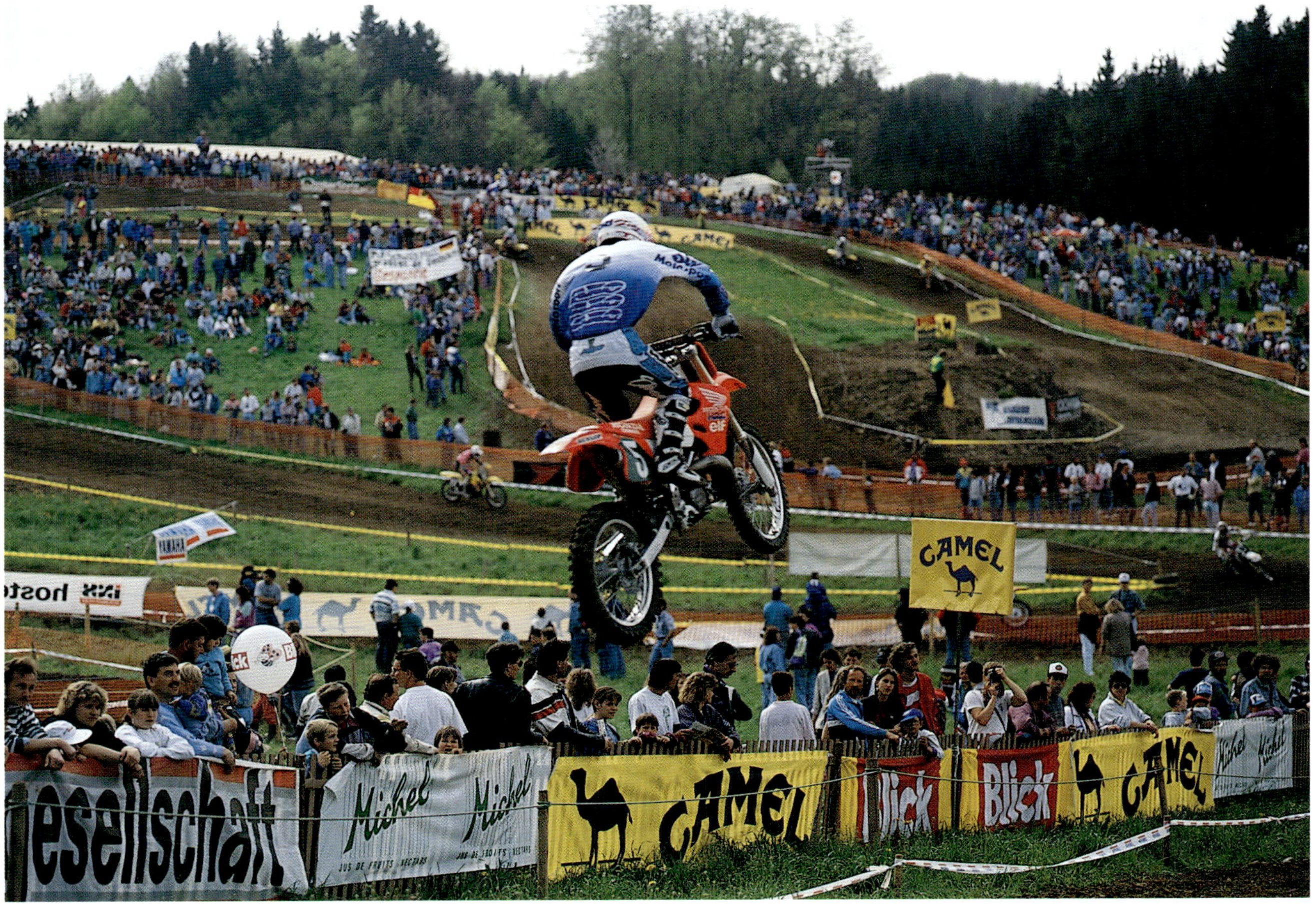

Kantonalturnfest in Aarau.

Trabrennen im Aarauer Schachen.

In der Grafischen Fachschule Aarau. ☐ Vor dem Glas-Stahlbau der HTL Windisch und im Innenhof des vollklimatisierten Baus.

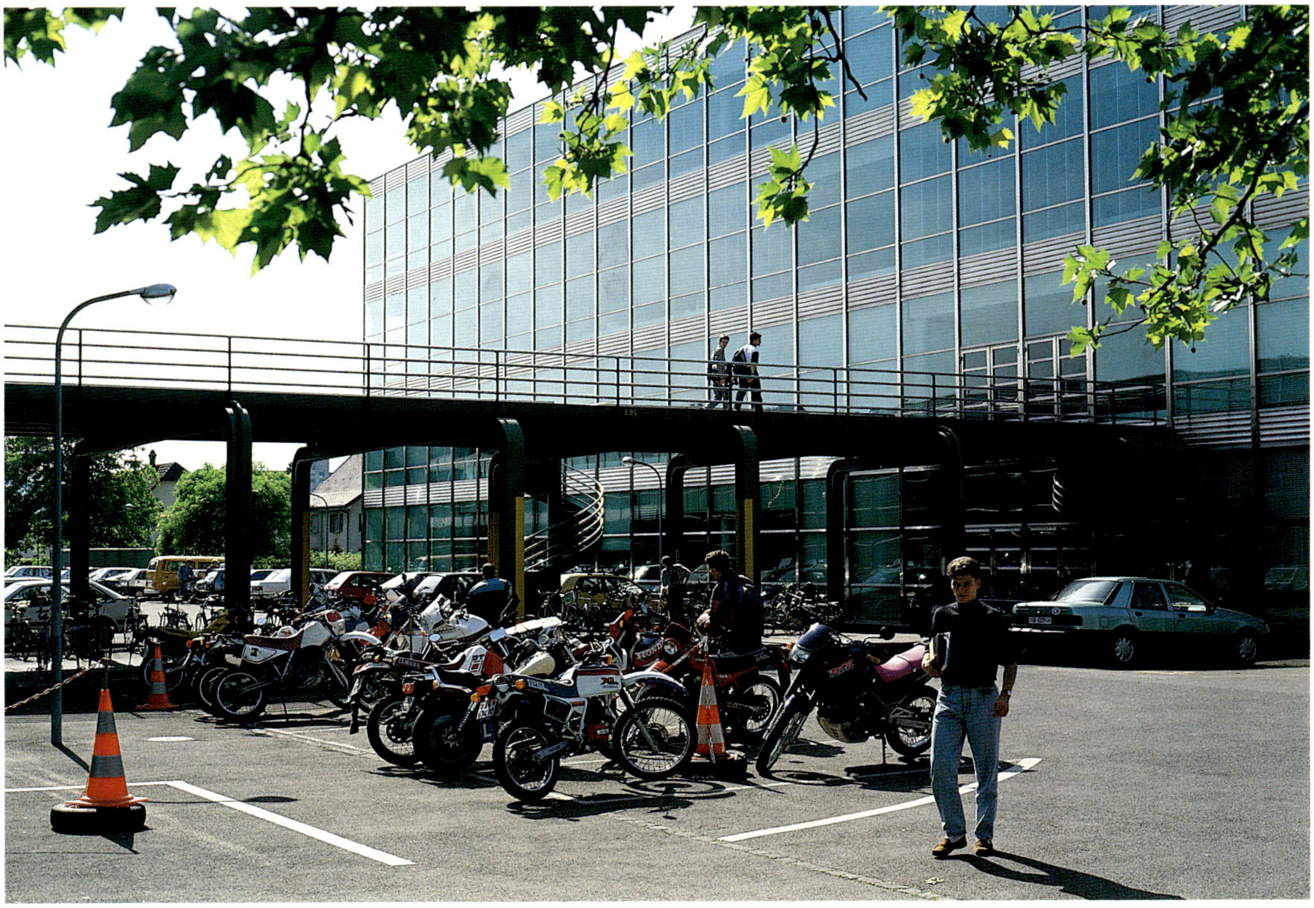

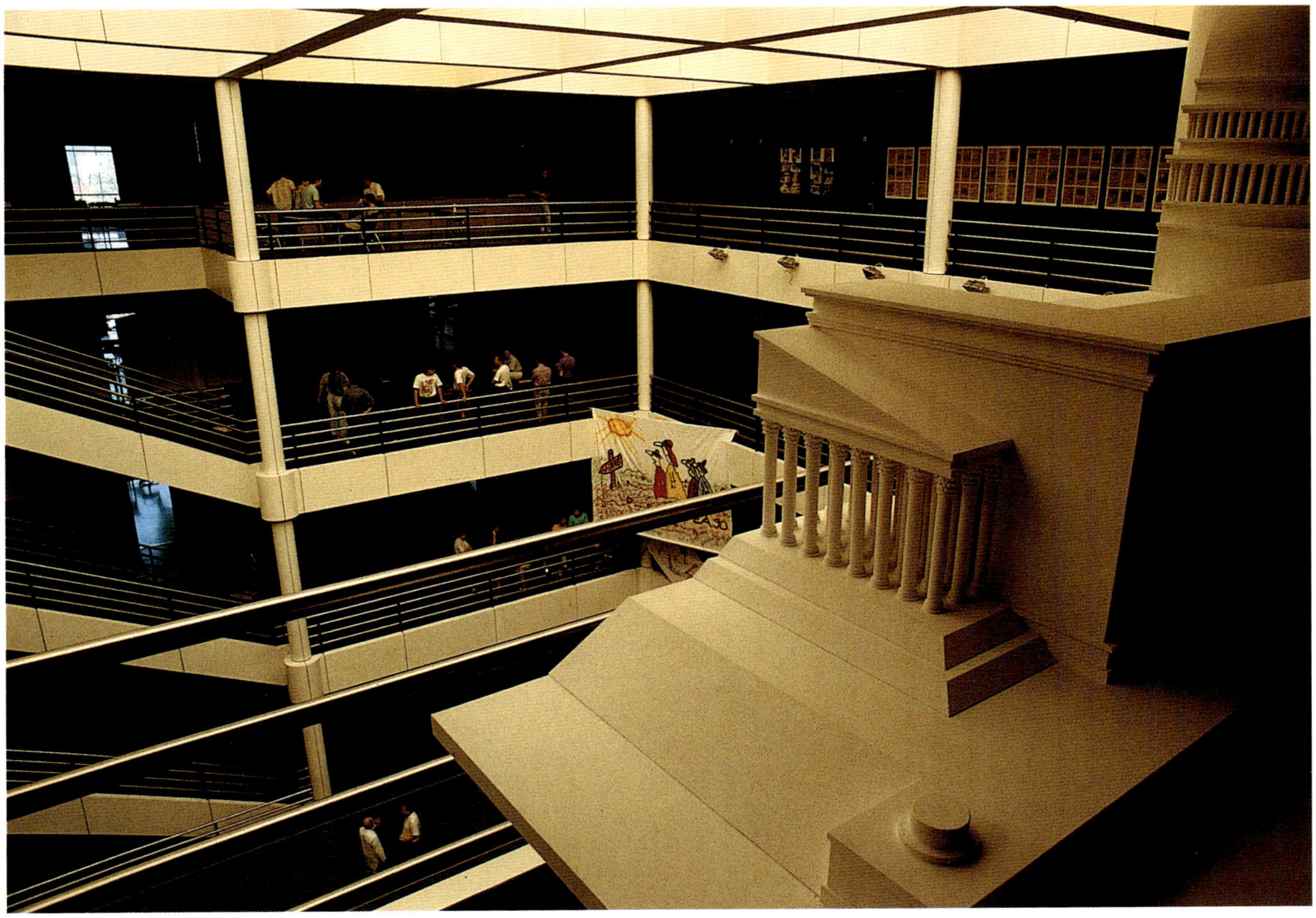

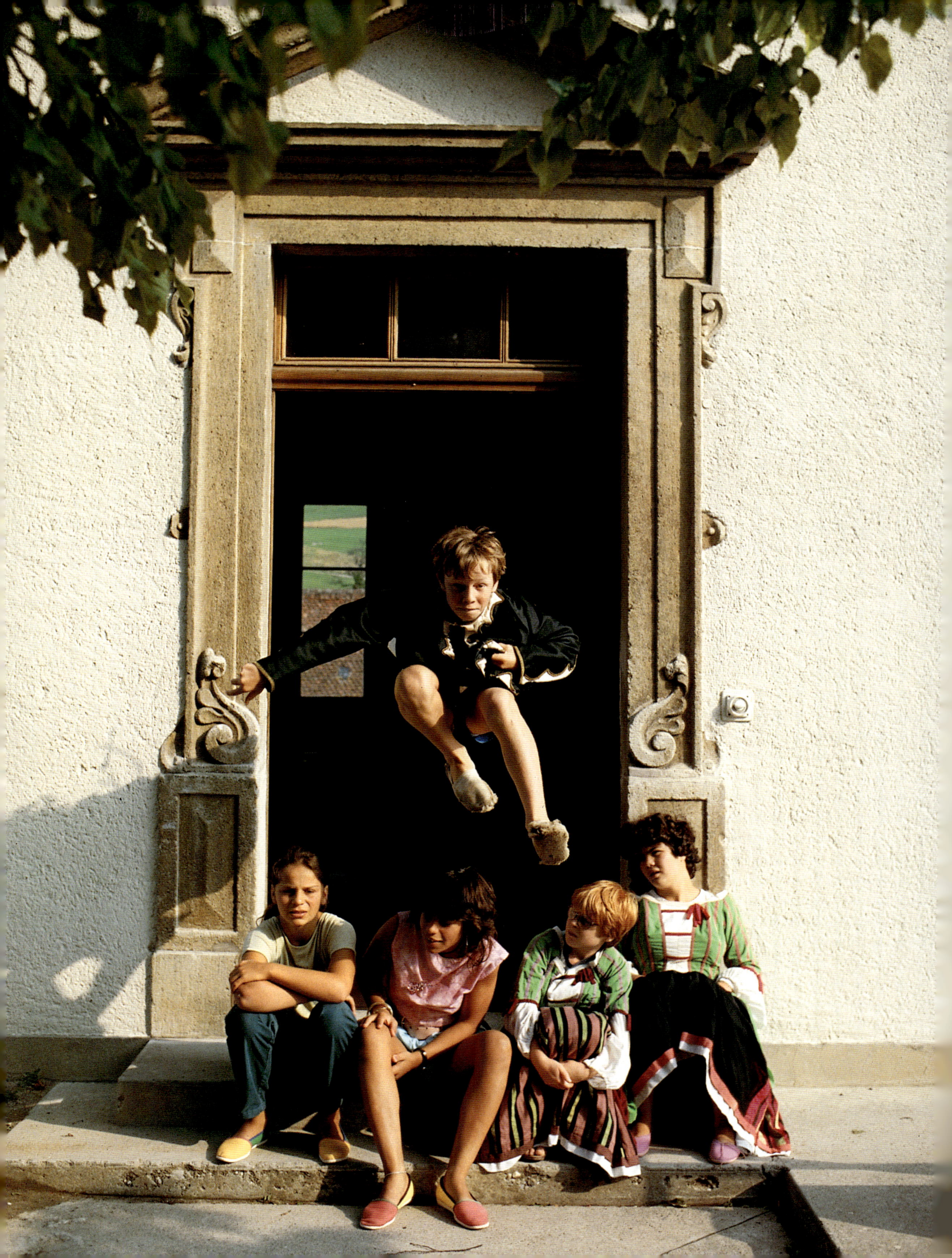

Vor dem Schulhaus beim Schloss Kastelen, heute Schulheim für Verhaltensauffällige, in Oberflachs. ☐ Beim Naturkunde-Unterricht im Schulheim und am Elternbesuchstag in einem Kindergarten.

In der Dorfkirche Muri an Fronleichnam, dem Tag der Prozessionen und Flurumritte.

Palmsonntag in der Stadtkirche Bremgarten. Die Palmbäume aus jungen Weisstannen sind geschmückt mit Äpfeln, Buchs- oder Stechpalmenzweigen und farbigen Bändern.

Singende Schülerinnen als Weihnachtsengel in Hallwil mit dem verhüllten «Wienachtschind». ☐ Sternsinger in Wettingen, die das Weihnachtsgeschehen darstellen und besingen. ☐ In einigen Freiämter Gemeinden, wie hier in Wohlen, wird St. Nikolaus beim Auszug von Kindern mit Papierlaternen begleitet.

107

Ein dörfliches Kleinod: Hochzeit in der spätbarocken Kirche St. Remigius in Mettau.

St.-Nikolaus-Feier in einem Altersheim in Muri.

110

Gottesdienst in der Synagoge Endingen: Lesung aus der Thora. ☐ Jüdische Gläubige dürfen nicht unbedeckten Hauptes vor ihrem Herrn erscheinen. ☐ Grabbesucher auf dem jüdischen Friedhof zwischen Lengnau und Endingen legen zum Zeichen der Verbundenheit mit dem Toten einen Kiesel auf den Grabstein.

Der Maienzug in Aarau wird mit Böllerschüssen eröffnet. ☐ Der Name des Maienzugs, andernorts Jugend- oder Kinderfest, deutet auf die Blumensträusse, die «Maien», der Kinder hin. Am Umzug mitbeteiligt sind die Schüler der beiden Kantonsschulen. ☐ Nächste Doppelseite: Die Wiederkehr des Stadtbachwassers wird alljährlich im September mit einem Lampionumzug gefeiert.

113

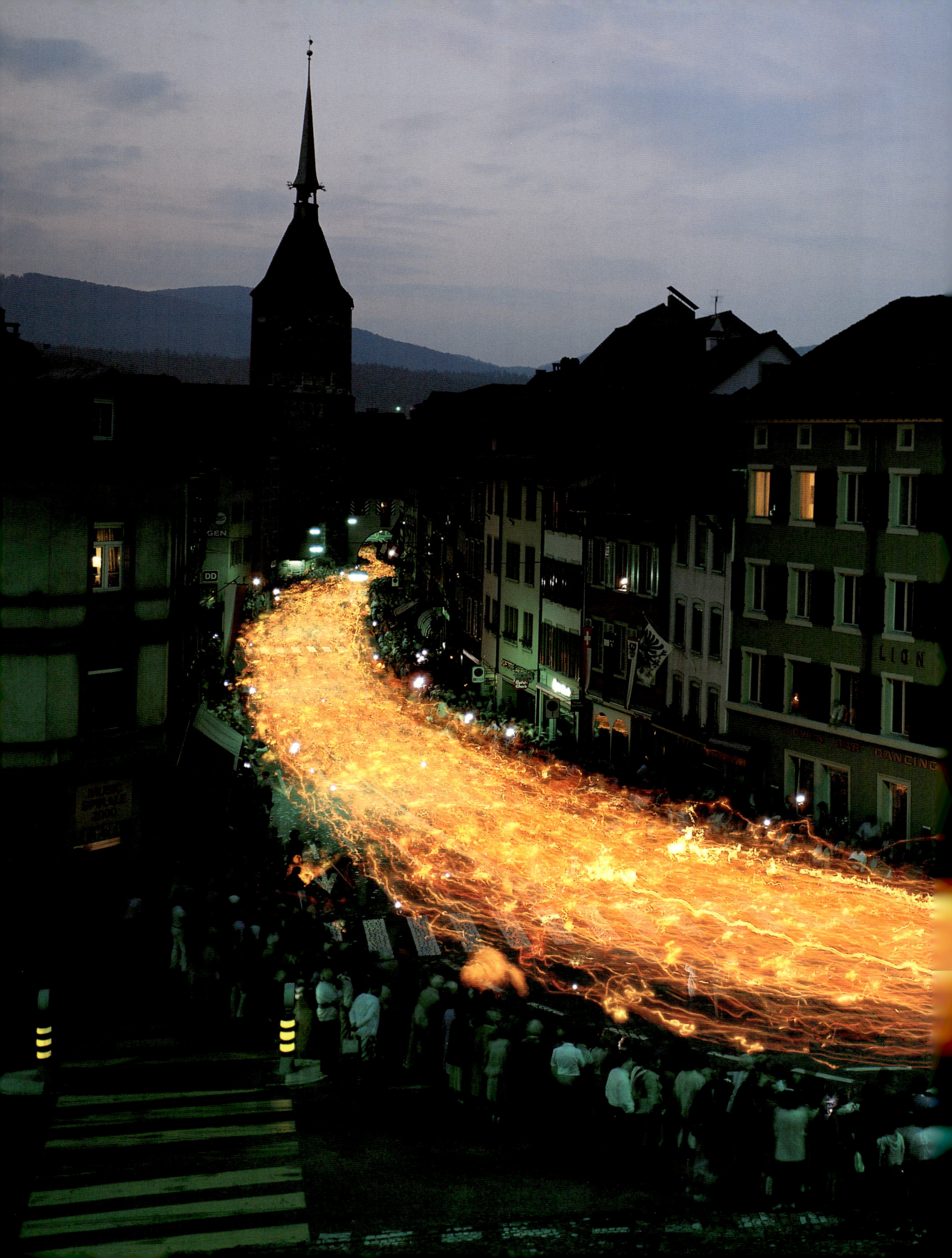
GEN
DD
LION

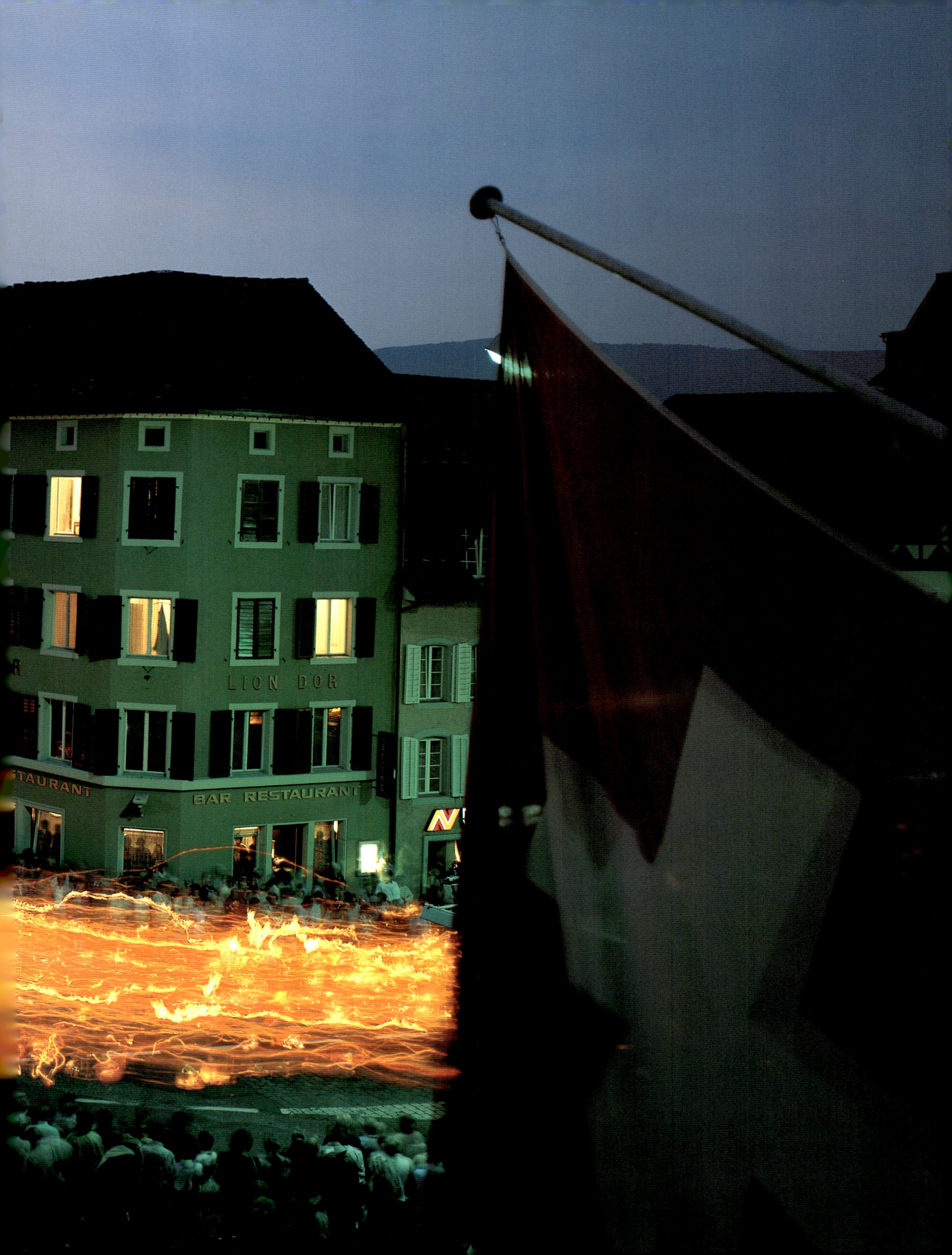
LION D'OR
STAURANT
BAR RESTAURANT

Silvesterfeuer auf dem Staufberg.

Kinder in Staufen.

Fasnachtsumzug in Zurzach. Die Fasnachtsbräuche haben in den katholischen Landesteilen eine lange Tradition. Eigentliche Fasnachtstage: Schmutziger Donnerstag, Montag und Dienstag vor Aschermittwoch.

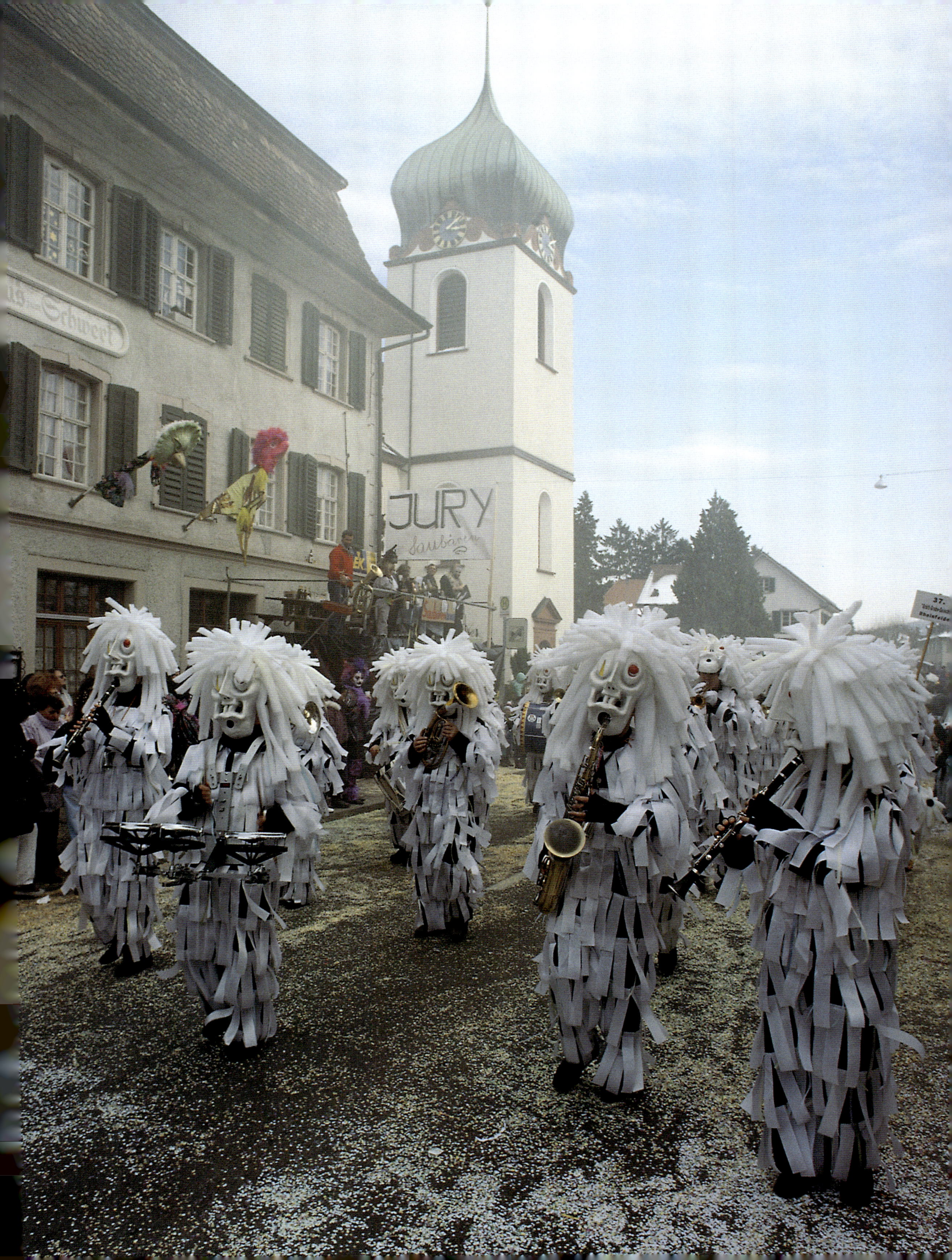
JURY

Osterfeuer in Schupfart, das mit dem neuen Taufwasser geweiht wird.

Meitli-Sonntag in Fahrwangen/Meisterschwanden. Der Brauch erinnert an den Zweiten Villmergerkrieg, in dem die Frauen entscheidend eingegriffen haben.

Eieraufleset, hier in Auenstein, und Bärzeliumzug in Hallwil gehen auf die Alemannenzeit zurück. Beide haben mit der Vertreibung der Winterdämonen zu tun.

123

Trachtenfest im Amphitheater von Windisch (Vindonissa), einem der markantesten Bauwerke aus der Römerzeit. ☐ Die Ermordung König Albrechts anno 1308 führte zur Gründung des Klosters Königsfelden. ☐ Nächste Doppelseite: Der ehemalige Lehrer Guido Muntwyler gründete den Kleinzirkus «Monti».

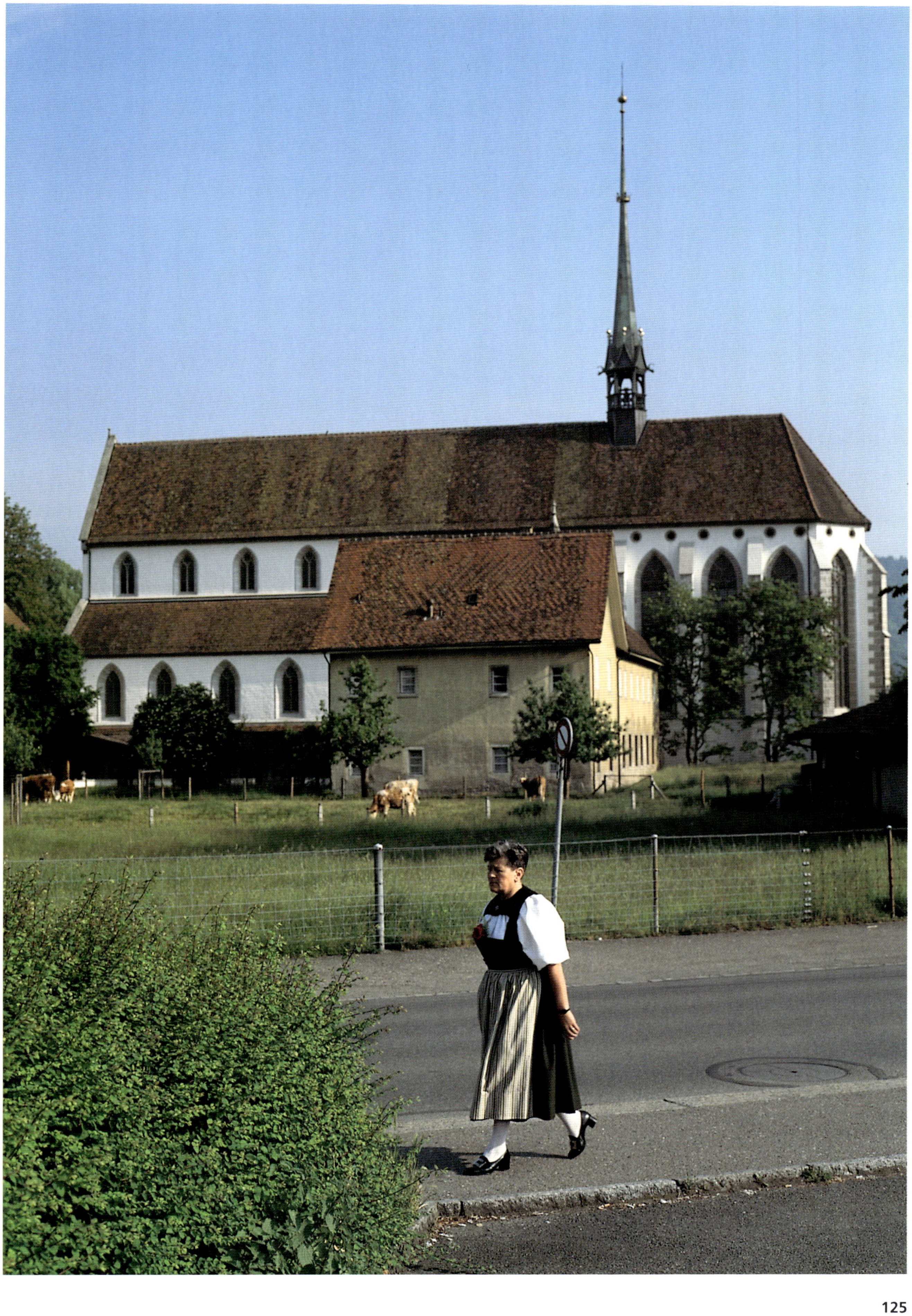

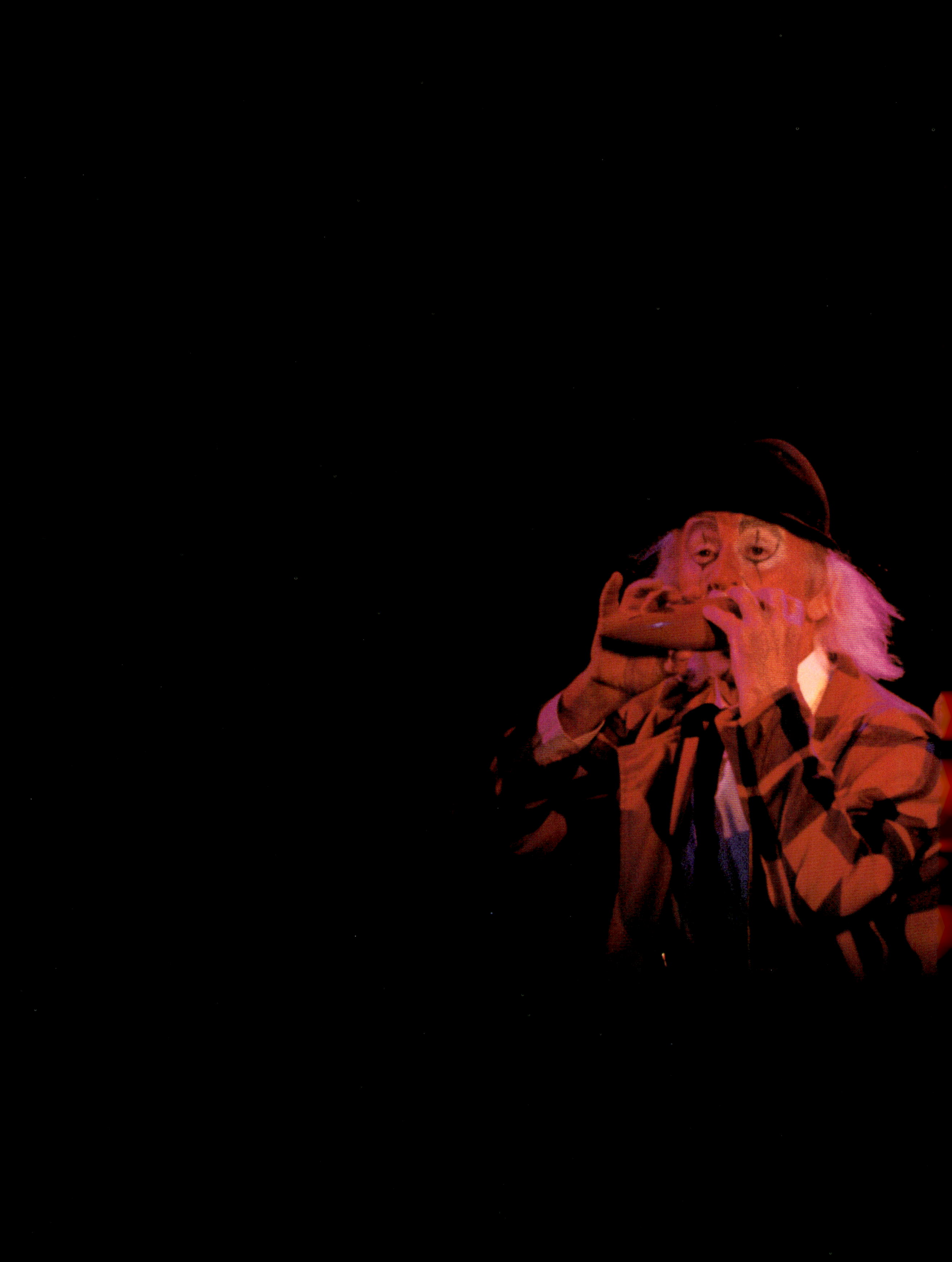

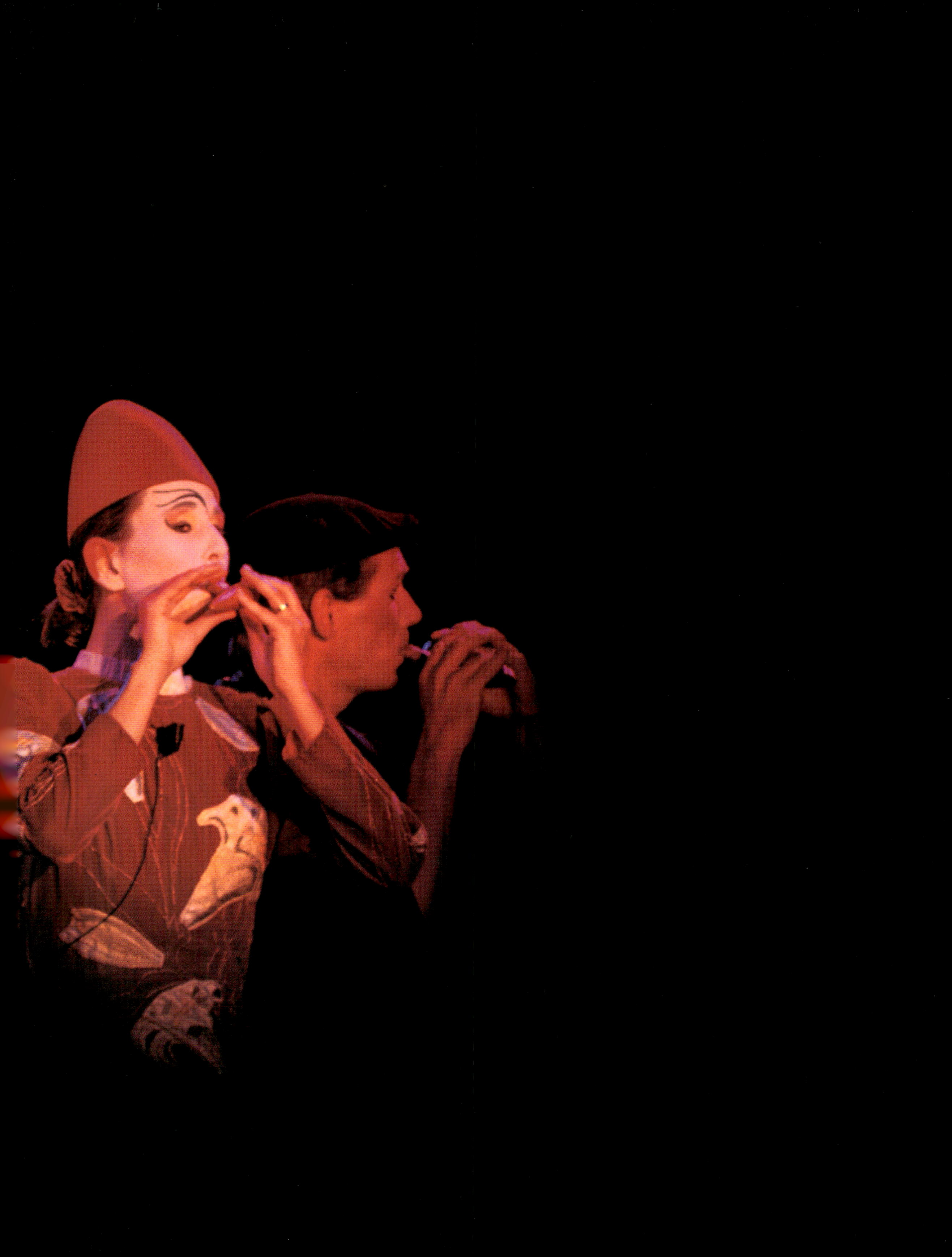

Die Sandsteinhöhlen bei Gränichen als Treffpunkt zu einem abendlichen Rockkonzert.

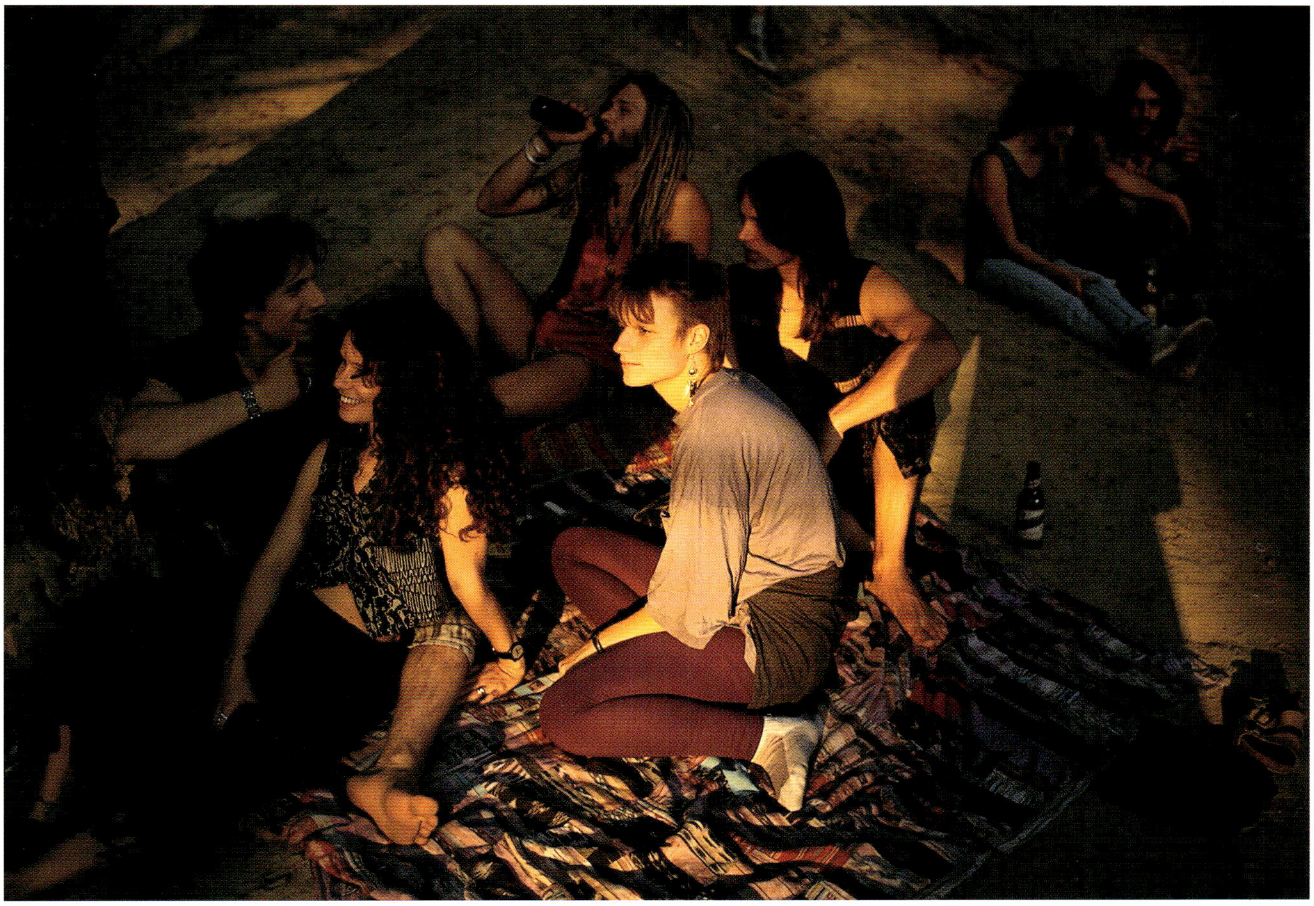

Das Aarauer Kunsthaus ist bekannt durch seine Ausstellungen zeitgenössischer Kunstwerke. ☐ Bildhauer Peter Hächler von Lenzburg anlässlich einer Retrospektive im Kunsthaus Aarau. ☐ Bildhauer Hugo Sutter in Birrwil.

131

Schriftstellerin Claudia Storz, Aarau. ☐ Kunstmalerin Susi Kramer in Oberhof und Aarau.

Bildhauerin Gillian White in Leibstadt.

Pianistin Emmy Henz-Diémand in Küttigen.

In den Senderäumen von Radio Argovia in Brugg.

ANTON KELLER

Aargauische Befindlichkeit

■ Wenn Aargauer über den Aargau sprechen, pflegen sie sich auf der Lenzburg zu versammeln. Das ist ein erhabener Ort, der sich für die weite Schau eignet. Kein aargauisches Kulturgespräch, das nicht damit beginnt und vielleicht auch damit endet, dass der Aargau keine Hauptstadt hat. Aarau hat in der Tat wenig Ehrgeiz entwickelt, Hauptstadt zu sein. Aarau ist der Sitz der kantonalen Verwaltung, und im übrigen ist es die Stadt der Aarauerinnen und Aarauer: mit intimen Stadtfesten, wie dem reizvollen Bachfischet, und mit einer eingesessenen Bürgerschaft, der das Verlangen nach imperialer Grandeur abgeht und die, wie Zuzüger es empfinden, eine nicht ungediegene Ausschliesslichkeit pflegt.

Als der aargauische Verfassungsrat über eine neue Kantonsverfassung beriet, hatte er sich auch mit einem nicht allzu ernstgemeinten Antrag zu befassen, der Lenzburg zur neuen Hauptstadt machen wollte. Denn wenn man schon von einer Hauptstadt nicht allzuviel erwarten könne, so sollte sie doch wenigstens in der Mitte liegen. Wahrscheinlich gibt es nicht viele Aargauer, die Aarau hauptstädtischer sehen möchten. Es besteht rundherum kein Verlangen, Aarau zu dem zu machen, was es selber nicht sein will. Und der Badener, der das Schauspielhaus Zürich besucht, bedauert keinen Augenblick, dass sich dieses nicht in Aarau befindet. Aber auch der Aarauer nimmt das seiner Stadt keineswegs übel. Und dabei war doch dieses gleiche Aarau am 22. März 1798 zur Ehre der helvetischen Hauptstadt gelangt, die es allerdings – und mit Blick auf die heutigen Verhältnisse seltsamerweise – vor allem deshalb nach wenigen Monaten verlor, weil es als revolutionäres Nest die Sympathie nobler Parlamentarier nicht zu gewinnen vermochte.

Kein aargauisches Kulturgespräch, das nicht damit endet und vielleicht auch beginnt, dass der Aargau weiche Grenzen hat, dass seine Regionen auf benachbarte Zentren hin weit offen sind. Das sind Gegebenheiten. Man stellt sie immer wieder von neuem fest, aber es gibt kaum jemanden, der das ernsthaft ändern will. Wenn auch der junge Kanton aus vier historischen Regionen besteht, deren Bürgerinnen und Bürger verschiedene Dialekte sprechen, mit verschiedenen Jasskarten spielen und sich mit ihrer Region tiefer verbunden fühlen als mit dem Kanton, so hat doch niemand Lust, seine Zugehörigkeit zu dem vielleicht etwas unscharfen Gesamtgebilde Aargau in Frage zu stellen. Denn der Aargau ist ein Kanton, der einen in Ruhe lässt. Der Aargau ist ein unpathetischer Kanton. Nur wenige von uns wissen, wie man unsere Fahne richtig anbringt, und kaum einer merkt es, wenn sie falsch hängt. Und mit unserem Landeslied «Im Aargäu sind zwöi Liebi» kann man natürlich auch keine Revolution einleiten.

Das Erlebnis dieses Kantons sind die Flüsse, denen man überall nahe ist. Das Erlebnis sind die zahlreichen Berge, deren Individualität sich weniger dem Betrachter als dem Wanderer zeigt. Und schliesslich ist der Aargau ein von Geschichte auf einzigartige Weise gesättigtes Land. Mit gutem Grund hat Albin Zollinger vom schwarzäugigen Kanton gesprochen, weil überall die dunklen Spuren der Vergangenheit zu sehen sind.

Man kann heute darüber nachdenken, ob der junge Kanton nicht doch zu mehr Geschlossenheit hätte geführt werden können. Dazu gab es immer wieder Gelegenheiten, in der Vergangenheit wie in der Gegenwart. Als die politischen Nachkriegsgenerationen das kantonale Mittelschulkonzept schufen, trugen sie zur inneren Festigung der Regionen bei und damit zum Zusammenhalt des Kantons. Aber das regionale Mittelschulkonzept wurde nicht konsequent zu Ende geführt (es fehlt die Kantonsschule im Fricktal), weil die staatspolitische Ausdauer fehlte. Deshalb ist die junge Generation in dieser jenseits des Juras gelegenen Region entschiedener denn je nach Basel hin orientiert. Auch weiss man zwar, dass die Zürcher S-Bahn die Fliehkraft im östlichen Kantonsteil verstärkt, aber der Vorgang wird nicht zum staatspolitischen Thema.

Bildung war der Ansatzpunkt der führenden gestalterischen Köpfe nach der Kantonsgründung. Sie wiesen den Weg zur politischen Überwindung des Trennenden, das schon in der konfessionellen Parität vorgegeben war. Gut die Hälfte der Bürgerinnen und Bürger war reformiert und lebte im Berner Aargau, während die Bevölkerung der Region Baden, des Freiamts und des Fricktals katholisch war. Aber die Katastrophe der Klosteraufhebung brach den Bemühungen um einen Ausgleich das Genick. Das Vertrauen der Katholiken der betroffenen Regionen in die Führung des vom früheren Berner Teil geprägten Staates war auf lange Zeit verloren. Dieser Konflikt ist heute entschärft, die Mitgestaltung des Staates ist seit langem auch für die Katholiken selbstverständlich. Und die Söhne und Töchter jener Aargauer, die noch einige Zeit nach dem Zweiten Weltkrieg an Innerschweizer Internaten ihre Maturität machten, besuchen heute die aargauischen Kantonsschulen.

Es ist aber nicht so, dass die heutige Aussöhnung das Ergebnis einer gezielten Bewältigung der Vergangenheit gewesen wäre. Die bewusste Aufarbeitung der Vergangenheit in der Bevölkerung (an Literatur dazu fehlt es nicht) ist keine aargauische Tugend, schon eher gilt die Empfehlung, man solle eben auch vergessen können, solle ebenso wie über Verstorbene auch über die Vergangenheit nichts Schlechtes sagen.

Das nach meinem Empfinden nur schwach entwickelte kantonale Bewusstsein hat aber ausgleichende Stärken hervorgebracht: die besonders intensiv gelebte Gemeindeautonomie auf der einen Seite und das ausgeprägte Verständnis für die Politik des Landes auf der anderen Seite.

Die schweizerischsten Schweizer

Der Umriss des Aargaus ist zweifellos das Bedeutendste, was das napoleonische Genie auf der Weltkarte zurückgelassen hat.

Dem geschichtsbewussten Aargauer könnte sich indes die Frage stellen, weshalb sein Kanton fast vierhundert Jahre lang Untertanengebiet ausgerechnet jener Eidgenossen war, die sich auf ihre eigene Freiheit so sehr beriefen. Genau diese Frage aber scheint den Aargau nicht zu quälen. Die Bundesgründer anerkennt er zum mindesten als erfolgreiche Adoptivväter. Die 1.-August-Feier in meiner Kindheit hätte man sich nicht innerschweizerischer denken können. Und der aargauische Geschichtsunterricht, den ich seinerzeit genoss, liess keinen Gedanken daran aufkommen, dass meine aargauischen Vorfahren – als Pferdeknechte, wie ich mir das einbildete –

bei Morgarten und Sempach auf der anderen Seite standen oder fielen. Das Aargauervolk verschwendet seine Energie nicht, derartigen Widersprüchen nachzugehen. Es hat die 700 Jahre der Eidgenossenschaft gefeiert, als gehörten sie alle auch zu seiner Geschichte.

Der Aargau scheint von dieser Vergangenheit vor allem deshalb nicht belastet, weil er sich in besonderer Weise mit dem 1848 entstandenen schweizerischen Bundesstaat identifiziert. Wenn der Aargau im 19. und 20. Jahrhundert immer wieder bereit war, für nationale Anliegen und Aufgaben ein überdurchschnittliches Verständnis aufzubringen und eine ungewöhnliche Bereitschaft an den Tag zu legen, dann hat das etwas mit der besonderen «Schweizerhaftigkeit» der Aargauer zu tun. Die Aargauer, das ist meine Überzeugung, sind die schweizerischsten Schweizer. Gibt es für die Aargauerinnen und Aargauer etwas Wichtigeres als die Schweiz? Die Schweiz lehnte 1986 den Uno-Beitritt mit 75,7 Prozent Neinstimmen ab; der Aargau tat es mit 81,8 Prozent noch wuchtiger. Auch das Ergebnis der EWR-Abstimmung bestätigt diesen Befund, und ebenso erhielt die Armeeabschaffungs-Initiative klar weniger Ja-Stimmen als im gesamtschweizerischen Durchschnitt. Als sich der Aargau 1980 eine neue Verfassung gab, vergass er den Bund nicht und hielt in der Präambel feierlich fest, «den Stand Aargau zu einer aktiven Mitarbeit an der Festigung und am Ausbau der Schweizerischen Eidgenossenschaft zu verpflichten». So verstehen sich aargauische Nationalräte auch durchaus als Bundesparlamentarier, was sie von gewissen Interessenvertretern aus anderen Kantonen abhebt, die wenig Lust bekunden, ein Problem des Bundes anders zu betrachten als durch die Brille ihres Kantons.

Der Aargau hat sich der Einsicht nicht verschlossen, dass sein Standort vor allem in der Verkehrs- und Energiepolitik – und hier insbesondere in der nuklearen Energiepolitik – von ihm eine besondere Bereitschaft und Solidarität verlangt. Als ein weiteres Beispiel sei die neue Alpentransversale erwähnt. Sie wird dem Aargau neue, bedeutende Belastungen bringen, dennoch wurde eine sachliche Diskussion geführt, und der aargauische Souverän hat die Vorlage angenommen. Allgemein anerkannt ist auch die Zuverlässigkeit des Aargaus in Fragen der Landesverteidigung. Es geht mir indes nicht darum, die aargauische Einstellung zu idealisieren; dies würde am aargauischen Realitätssinn vorbeigehen. Der Aargau versteht es durchaus, das nationale Interesse mit seinem eigenen, auch wirtschaftlichen Interesse zu verbinden. Entscheidend ist aber, dass der Aargau für die Abstimmung gegenseitiger Interessen offen ist. Moratorien für nationale Aufgaben sind keine aargauische Erfindung, und Lösungen, die ideologisch anmuten, sind unbeliebt.

Es ist kein Zufall, dass sich auf aargauischem Boden einige markante Stätten des eidgenössischen Gesprächs befinden, z. B. das Stapferhaus auf der Lenzburg, das den Namen des herausragenden Bildungsministers aus dem Aargau zur Zeit der zentralistischen Helvetik trägt. Der Aargau liebt, was ihn mit dem ganzen Land verbindet. Er ist der Kanton des Gesprächs. Er wird sich daran halten, und das wird ihn vor Isolierung bewahren. Auch wenn er sich gelegentlich zurückversetzt fühlt, verharrt er nicht in kleinlicher Verstimmung. Dass in kurzer Zeit hintereinander drei aussichtsreiche Bundesratskandidaten aus dem Aargau nicht zum Zuge kamen, hat die Gemüter erregt, aber nicht verbittert. Es blieb bei der im ersten Eindruck des Misserfolgs drohenden Ankündigung, man müsse sich wieder einmal auf der Lenzburg treffen. Der Aargau hat rasch eingesehen, dass ein Grosser, der über seine Erfolglosigkeit Tränen vergiesst, nicht auf das Mitleid der Nation zählen kann.

Ist aber diese Unfähigkeit des Aargaus zum nachträgerischen Ressentiment Ausdruck einer nicht ganz überwundenen Untertanenmentalität, wie Ortsunkundige gelegentlich geringschätzig vermuten? Davon kann keine Rede sein. Die Aargauerinnen und Aargauer sind keineswegs folgsam, sie sind nur nicht störrisch, wenn sie etwas einsehen. Das unterscheidet sie von einigen anderen; und wenn es das ist, was man ihnen als Mittelmässigkeit ankreidet, dann lassen sie es sich gefallen.

Ein einschlägiges Beispiel für die keineswegs gouvernementale Ergebenheit der Aargauerinnen und Aargauer ist die Ablehnung des Übergangs vom obligatorischen zum fakultativen Gesetzesreferendum, das der aargauische Verfassungsrat, unterstützt von den grossen Regierungsparteien, dem Volk beliebt machen wollte. Der beantragte Verzicht auf das obligatorische Gesetzesreferendum war der entscheidende Grund, dass die erste Vorlage vom Volk deutlich abgelehnt wurde. Erst als das obligatorische Referendum wiederum eingefügt war, nahm das Volk den zweiten Entwurf an. Vorlagen müssen ganz allgemein im Aargau nach allen Seiten abgewogen sein, wenn sie beim Volk eine Chance haben wollen.

Leben in der Kleinstädtlichkeit

Die vier aargauischen Regionen ruhen selig in sich selbst, soweit sie nicht auf ausserkantonale grössere Zentren schauen. Es ist nicht zufällig, dass die 700-Jahr-Feier der Eidgenossenschaft in unserem Stand dezentral in den historischen Kantonsteilen mit eigenwillig unterschiedlichen Festen vor sich ging. Für zahlreiche Gemeinden war diese Feier die willkommene Gelegenheit, ein mehrtägiges Fest zu veranstalten. Bei solchen Festen wird jeweils besonders gut sichtbar, wieviel kulturell-geselliger Tatendrang im reichen aargauischen Vereinsleben steckt.

Die Gemeindeautonomie hat im Aargau einen überragenden Stellenwert. Der Verfassungsgeber hat ihre Selbständigkeit in deutlichen Formulierungen hervorgehoben. Der Kanton Aargau ist der Kanton der Dörfer und der vielen gleichrangigen Kleinstädte. Sie sind Ausdruck seiner Identität. Insbesondere die aargauischen Städte ähneln in ihrem kulturellen Selbstbewusstsein altgriechischen Stadtstaaten, sie entwickeln nicht wenig Ehrgeiz, sich voneinander abzugrenzen. Und die sich als Athener wähnenden Badener möchten in Aarau am liebsten ein Sparta sehen.

Die Gemeinden zeigen insgesamt intensives kulturelles Leben. Es gibt kaum aargauische Gemeinden, die man als Schlafgemeinden bezeichnen könnte. Die Kraft der politischen Autonomie und die kulturelle Ergiebigkeit bestärken sich gegenseitig. Und dem entspricht im wirtschaftlichen Bereich das für den Aargau typische Geflecht der kleinen und mittleren Betriebe. In der Belebtheit der aargauischen Kommunen liegt der Grund für ihre anerkannte Wohnlichkeit und Anziehungskraft.

Mit Blick auf das intensive kulturelle Leben spricht eine kürzlich erschienene Publikation der Pro Argovia von unserer Kulturlandschaft als einem «Hochplateau», womit das durchgehend gehobene Niveau umschrieben wird. Vor mehreren Jahren (1973) hat eine Arbeitsgruppe unter dem Titel «Die Landschaftsstadt» zu diesem Sachverhalt eine Kulturmappe herausgegeben. Durchsichtige Karten zeigen auf einem Relief des Aargaus die eindrückliche Fülle der kulturellen Einrichtungen und Aktivitäten in diesem Kanton. Es ging aber der Arbeitsgruppe nicht nur um ein Inventar; sie wollte darüber hinaus auch zur Benutzung des erstaunlich reichen Angebots anregen. Die Dokumentation offenbarte nicht ein Spitzenangebot für elitären Kunstgenuss; denn der Aargau hat davon wenig, und ich zögere nicht zu sagen, zu wenig. Aber sie zeigt eine erstaunliche «Breitenkultur», wenn ich etwas abgeändert diesen Begriff aus dem Sport übernehmen darf. Die «Landschaftsstadt» fasste das ganze Kantonsgebiet als Einheit, gewissermassen als weitverstreute Quartiere und Weiler einer grossen Stadt im Grünen auf und lud die Bürgerinnen und Bürger ein, die verschiedenen Angebote innerhalb dieses Gebiets wahrzunehmen. Allerdings setzt dies – und der Arbeitsgruppe bleibt das nicht verborgen – wegen des teilweise zu wenig entwickelten öffentlichen Verkehrs die Benützung des Privatautos voraus.

Aus diesen Gegebenheiten sind aargauische Besonderheiten hervorgegangen wie die zahlreichen Kleintheater und das freie Theaterschaffen. Auch kennzeichnet eine grosse Zahl guter Musikformationen verschiedenster Richtung die aargauische Kulturszene. Das aargauische Kulturgesetz ist auf diese Situation zugeschnitten. Sein seit 1969 autonom wirkendes Kuratorium ist auf breite Förderung ausgerichtet.

Es ist immer wieder bemerkt worden, dass der Aargau bei eidgenössischen Abstimmungen im Mittel liege, so dass man eigentlich nach dem Bekanntwerden des Aargauer Ergebnisses auf das ganze Land schliessen könne. Das ist in vielen Fällen richtig gewesen. Ganz sicher aber trifft es nicht zu bei gesellschaftlichen, sozialen Fragen. Gegenüber Veränderungen auf diesem Gebiet äussert sich der Aargau ganz klar konservativer, was sich an zahlreichen Beispielen von Volksabstimmungen schlüssig belegen lässt. So nahm die Schweiz 1985 das neue Eherecht mit 54,7 Prozent der Stimmen an, der Aargau lehnte es mit 45,6 Prozent ab. Den Grundsatz der gleichen Rechte für Mann und Frau in der Bundesverfassung hatte 1981 auch der Aargau angenommen, aber während die Schweiz insgesamt 60,3 Prozent Ja-Stimmen erzielte, brachte es der Aargau nur auf 52,1 Prozent. Auch in Fragen der Landesverteidigung stimmt der Aargau ganz eindeutig traditioneller.

Man fragt sich auch, wie denn der Konservatismus des Aargaus, der ursprünglich katholische wie reformierte Gebiete verbindet, zu erklären sei. Dieser aargauische Konservatismus ist keineswegs ein Gebilde aus Flugsand, sondern hat staatspolitischen Grund. Die Arbeit an der neuen Staatsverfassung beispielsweise wurde, obwohl es den Verfassungsräten nicht an reformerischen Höhenflügen mangelte, zur blossen Festschreibung dessen, was bereits Verfassungswirklichkeit war, und es musste auf jede bedeutendere inhaltliche Änderung verzichtet werden, um vor dem Volk eine Chance zu haben. Von dem ausgereiften Bildungsprojekt einer Hochschule wendete sich der Aargau sang- und klanglos wieder ab und kehrte zu seinem bewährten Schritt-für-Schritt-Vorgehen in der Bildungspolitik zurück, wo er zielstrebig und beharrlich die Lücken im mittleren Bereich schliesst. Von den fünfzehn Einwohnerräten, die in der Aufbruchstimmung der sechziger und frühen siebziger Jahren entstanden sind, kehrten vier zur bürgernäheren Gemeindeversammlung zurück.

Die konservative Haltung, welche in der Vorliebe für überlieferte Verhältnisse gründet, scheint auch zu erklären, weshalb der Aargauer bei drängenden gesellschaftlichen Fragen irritiert und ungeduldig wird und aus Protest Parteien mit einfachen Rezepten seine Wählergunst schenkt. Und nirgends so wie im Aargau fällt mir der Widerspruch auf, dass selbst junge Unternehmer, die auf ihrem Wirtschaftsgebiet innovativ sind und das Besondere und Exklusive suchen, auf dem Gefilde der Künste keinen anderen Sinn erkennen können als die Anerkennung traditioneller Äusserungen und die Pflege des schon Dagewesenen. Die Verletzlichkeit, wenn altvertraute Vorstellungsmuster nicht mit traditioneller Ehrerbietung behandelt werden, kann sogar lächerliche Züge annehmen, wenn zum Beispiel das Auftreten eines Clowns im Rahmen der Behördenfeier des 700-Jahr-Jubiläums der Eidgenossenschaft in Aarau zu einem Vorstoss im Grossen Rat führt. Man kann auch nicht behaupten, der Schweizer Pavillon an der Weltausstellung in Sevilla sei bei uns allgemein mit dem nötigen Humor aufgenommen worden. Vom hintergründigen «La Suiza non esiste» war man offenkundig beleidigt. Auch das aargauische Kuratorium muss gegen Angriffe gerüstet sein, wenn es künstlerische Aktivitäten unterstützt, bei denen nicht breite Akzeptanz im Volk oder zum mindesten ein gesichertes Kunstverständnis bei gewissen Parlamentariern vorausgesetzt werden kann.

Es bleibt die Frage nach den Ursachen der konservativen aargauischen Haltung, die in der Politik einen so wesentlichen Aspekt darstellt. Es gibt viele Erklärungen oder besser Erklärungsversuche. Da jeder für sich allein nicht überzeugen kann, ist es erlaubt, weiterhin darüber nachzudenken.

Meine Erklärung – und da schlage ich die Brücke wieder zurück zum Anfang – sucht den Grund in der Dörflichkeit und Kleinstädtlichkeit des Aargaus. Leben im Aargau ist Leben in Dörfern und kleinen Städten. Selbstverständlich geht dieses Leben heute nicht mehr in Nestwärme und sozialer Kontrolle auf. Auch der Aargau ist mobil und sogar nicht wenig automobil. Doch das alles in allem vorherrschende gesellige Leben im kleineren Kreise bringt es mit sich, dass man lieber bekannte Ansichten bestätigt als neue von aussen übernimmt. Mit anderen Worten: Die Aargauer setzen sich lieber mit Freunden zusammen als mit Gegnern auseinander.

Jugendlicher Spatenstich?

Ich bin im Aargau geboren und habe immer hier gelebt. Bin ich daher befangen? Bin ich in meiner Darstellung selber in jener konservativen Sicht hängengeblieben, die ich als einen politischen Grundzug des konservativen Aargaus, der sich auch in der gemessenen Sprechweise seiner Leute ausdrückt, dargestellt habe?

Als ich zwanzig Jahre zählte, war der Aargau oder das, was man sich unter ihm vorstellte, vorgegeben, und wir wussten, dass wir in ihn hineinwachsen würden und er in uns. Was kann den heutigen Jugendlichen die Geschichte des Aargaus noch sein? Bietet die Heimatkunde noch einen Anhaltspunkt? Wird der Aargau für sie ein Gelände sein, das mehr wert ist als der Preis der hier gemieteten Wohnung? Sehen die jungen Leute einen Sinn darin, kleinstädtische und dörfliche Intimität zu schaffen? Wird sich der individuelle Drang, Freiheit vorwiegend in der Anonymität zu suchen, weiter verstärken, so dass die Gemeinschaft und die Aktivität in der Gemeinschaft und für die Gemeinschaft verblasst?

Die Schweiz insgesamt und der Aargau im besonderen leben vom Milizwesen, jener selbstverständlichen und nicht finanziell abgegoltenen freiwilligen Mitarbeit in allen Bereichen des öffentlichen Lebens. Gerade intensives kulturelles Leben ist ohne diese Bereitschaft nicht zu denken. Unser Denken ist zunehmend überlagert vom weltweiten Zusammenhang aller Probleme. Die Jugendlichen wachsen selbstverständlich in dieses neue Denken und Erleben hinein. Sie erkennen, dass alles interdependent ist. Die entscheidenden Probleme können nur noch international gelöst werden: der Frieden, der Umweltschutz, die Drogenseuche, die Kriminalität, die Bevölkerungsströme, die fundamentalistische Intoleranz. Die heutigen Jugendlichen wachsen in diesem Bewusstsein auf. Sie erfahren von der Vernichtung der Regenwälder, sie wissen aber ebenso, dass auch ein trautes aargauisches Dörfchen einen Drogentoten beklagen kann.

Was ist mit Blick auf diese gigantischen weltweiten Probleme im Bewusstsein der jungen Generation der seit 1803 bestehende Kanton Aargau noch? Interessiert er sie noch, oder überlassen sie ihn den Politikern und den Beamten? Wir glauben die Antwort zu kennen: Weltweite Probleme können nicht weltweit gelöst werden. Man muss zu ihrer Lösung nach wie vor den Spaten auch in den aargauischen Grund stecken.

Hochstammobstbäume beim Schloss Wildegg.

Das Schloss Wildegg bietet einen eindrucksvollen Rahmen für kulturelle Veranstaltungen. ☐ Nächste Doppelseite: Die Habsburg – Habichtsburg – trägt einen international berühmten Namen, spielte jedoch in der Geschichte kaum eine Rolle.

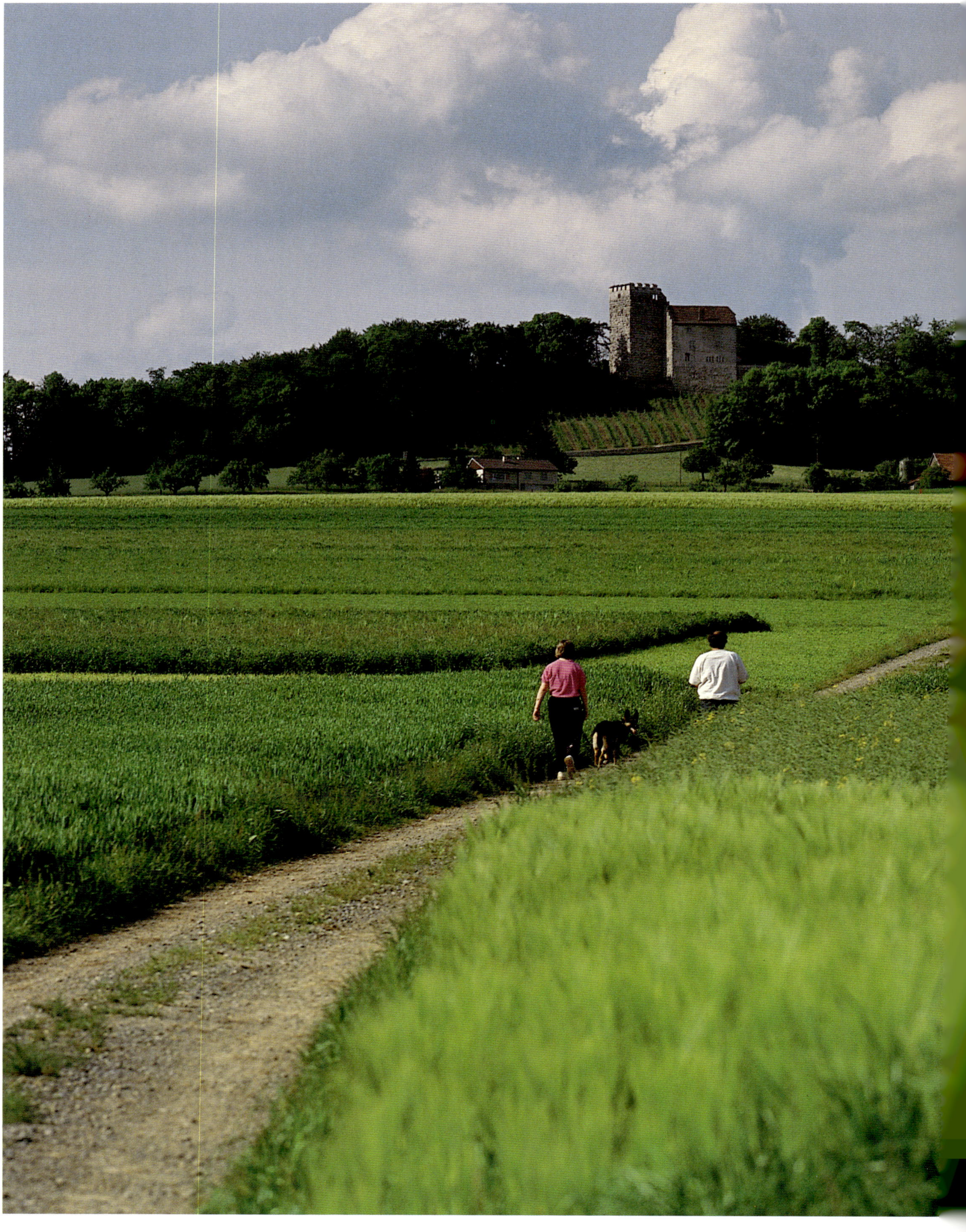

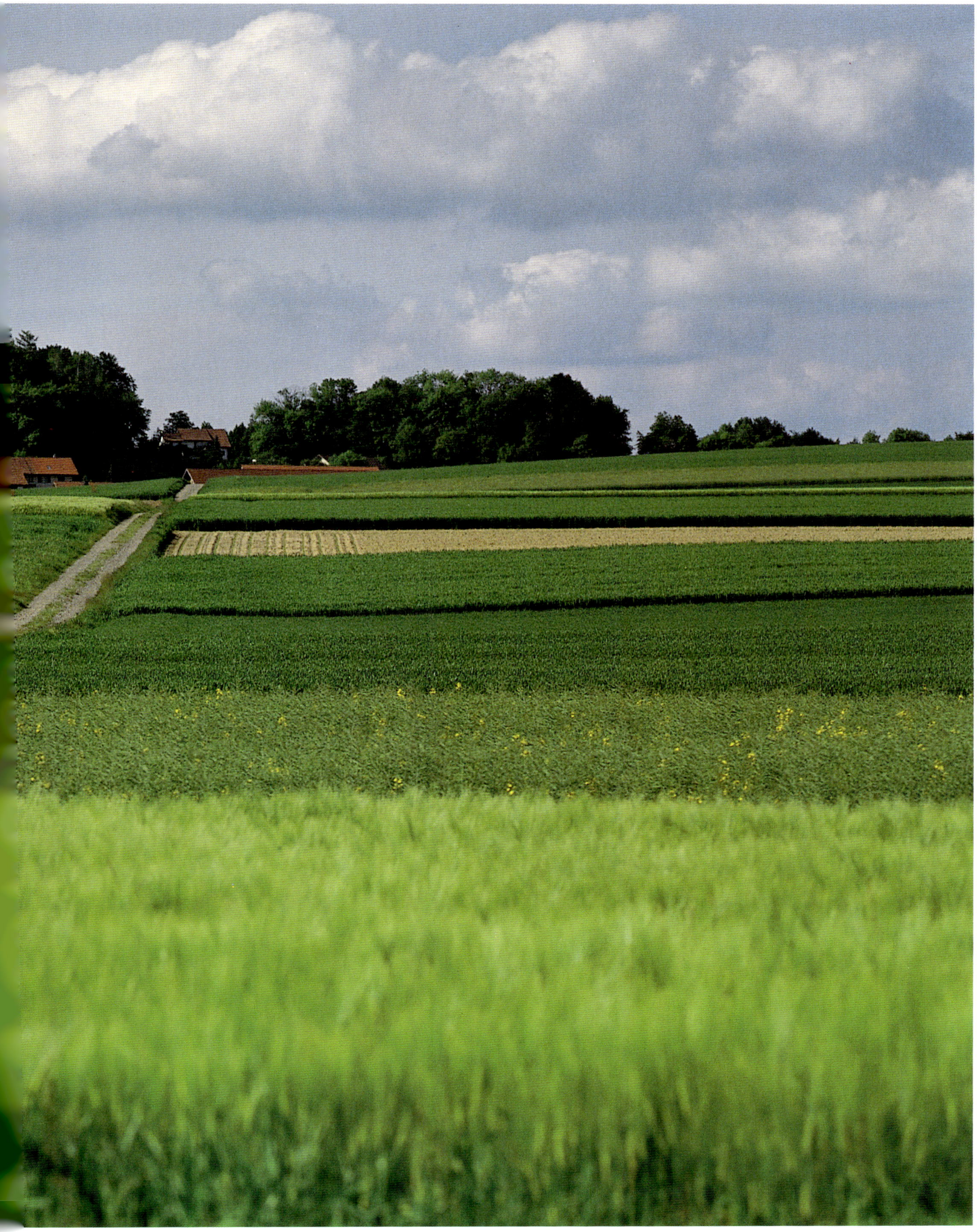

Die Lenzburg, grösste Burganlage des Kantons, entstand in einem Zeitraum von vier- bis fünfhundert Jahren ab dem 11. Jahrhundert.

Die romanisch-gotische Kirche auf dem Staufberg mit einer Sammlung beispielhafter Glasmalereien aus dem 15. Jahrhundert.

Bad Schinznach ist eines der drei aargauischen Thermalbäder. Hier tritt schwefelhaltiges Mineralwasser zutage.

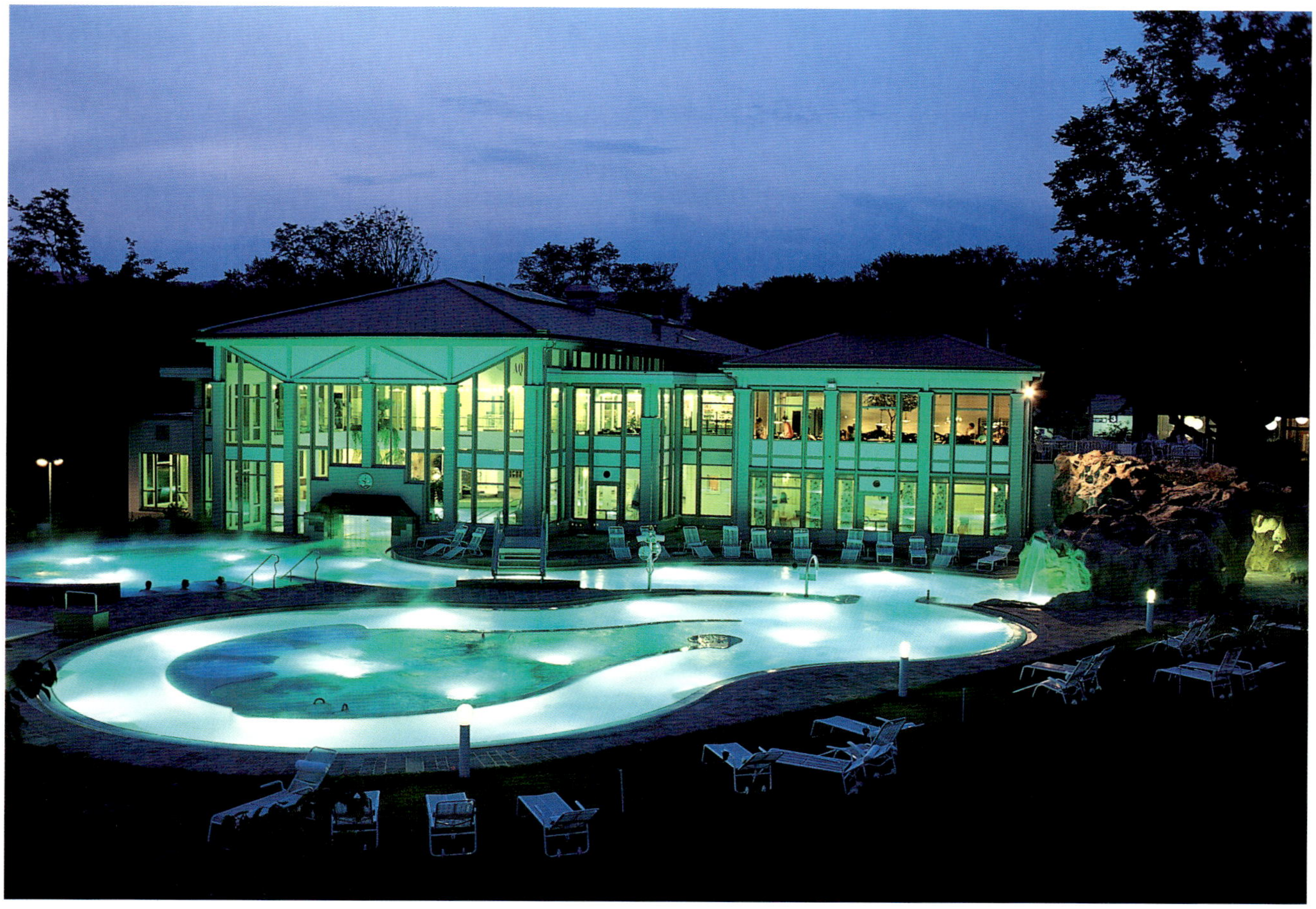

Die Sandsteinhöhlen bei Gränichen, in der Nähe von Schloss Liebegg, sind beliebtes Wander- und Schulreiseziel. ☐ Das Schloss Liebegg, oberhalb der gleichnamigen landwirtschaftlichen Schule, ist Sitz der Lehramtsschule des Kantons Aargau.

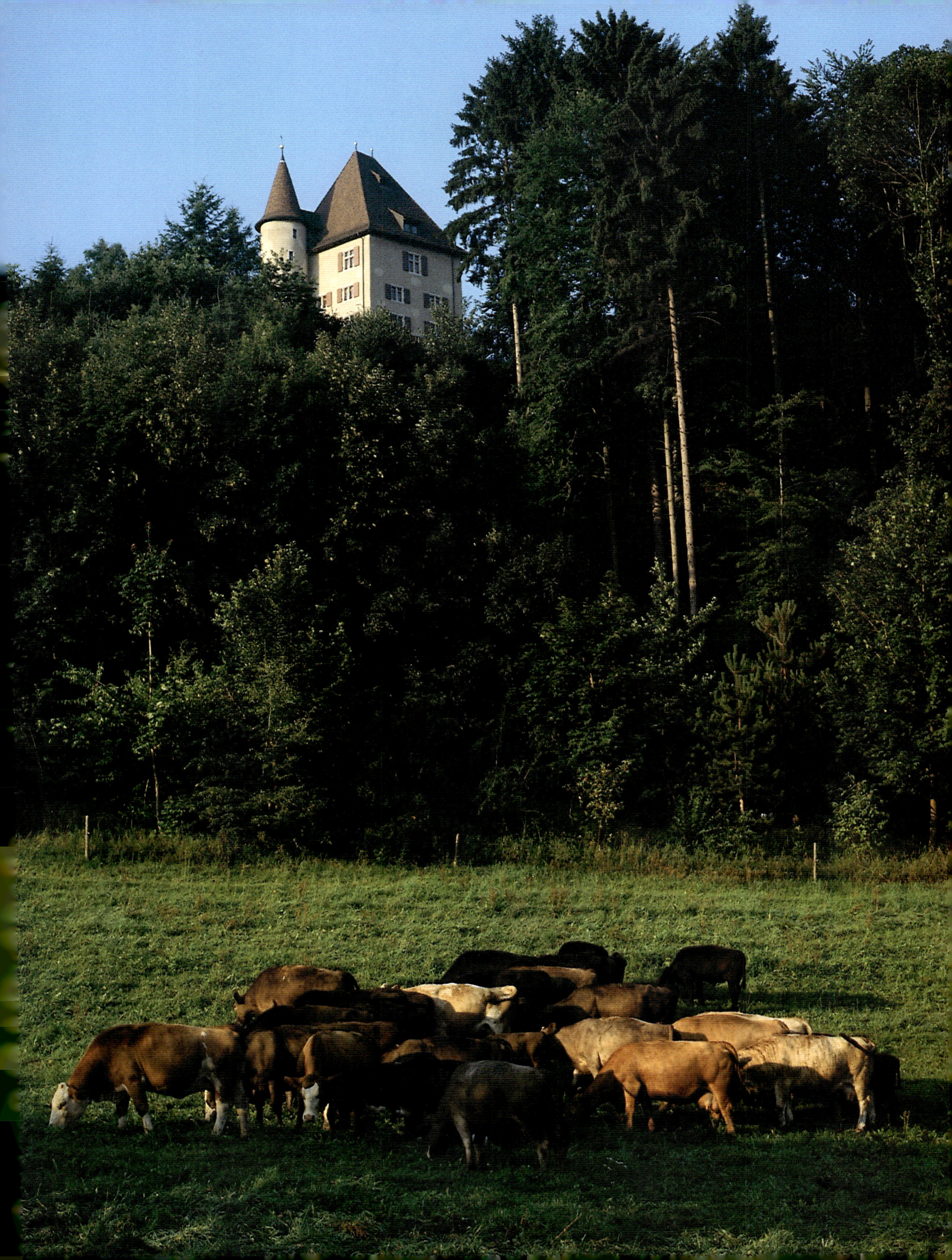

Ausser Betrieb gesetzte Bohrtürme über den Salzlagern in Zurzach.

Picknick beim Kloster Hermetschwil an der Reuss.

Die drei markanten Kirchtürme des ehemaligen Klosters Muri – heute Pflegeanstalt. ☐ Nächste Doppelseite: Die Aarburg und die Kirche des gleichnamigen Dorfes anlässlich einer Veranstaltung des Pontonierfahrvereins.

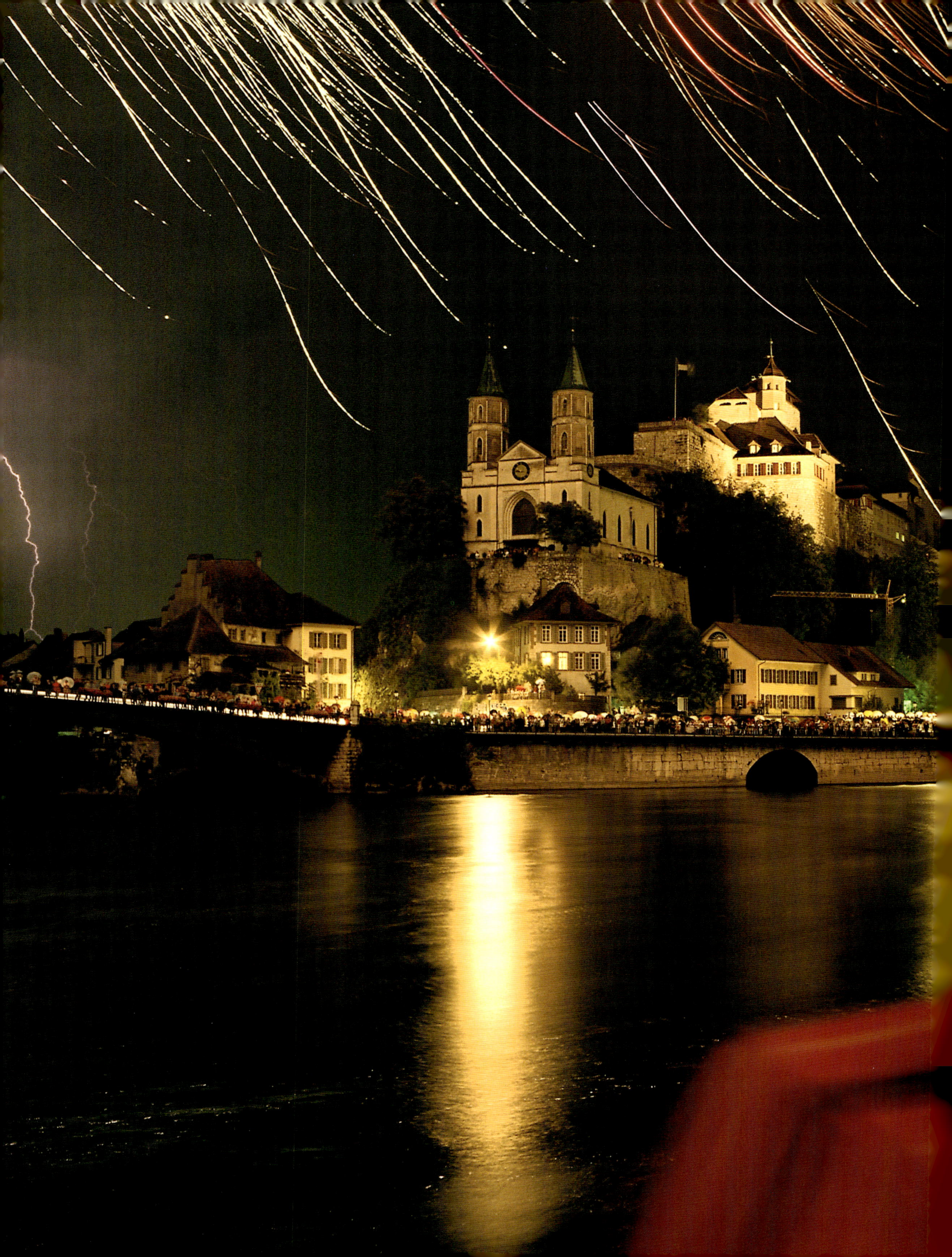

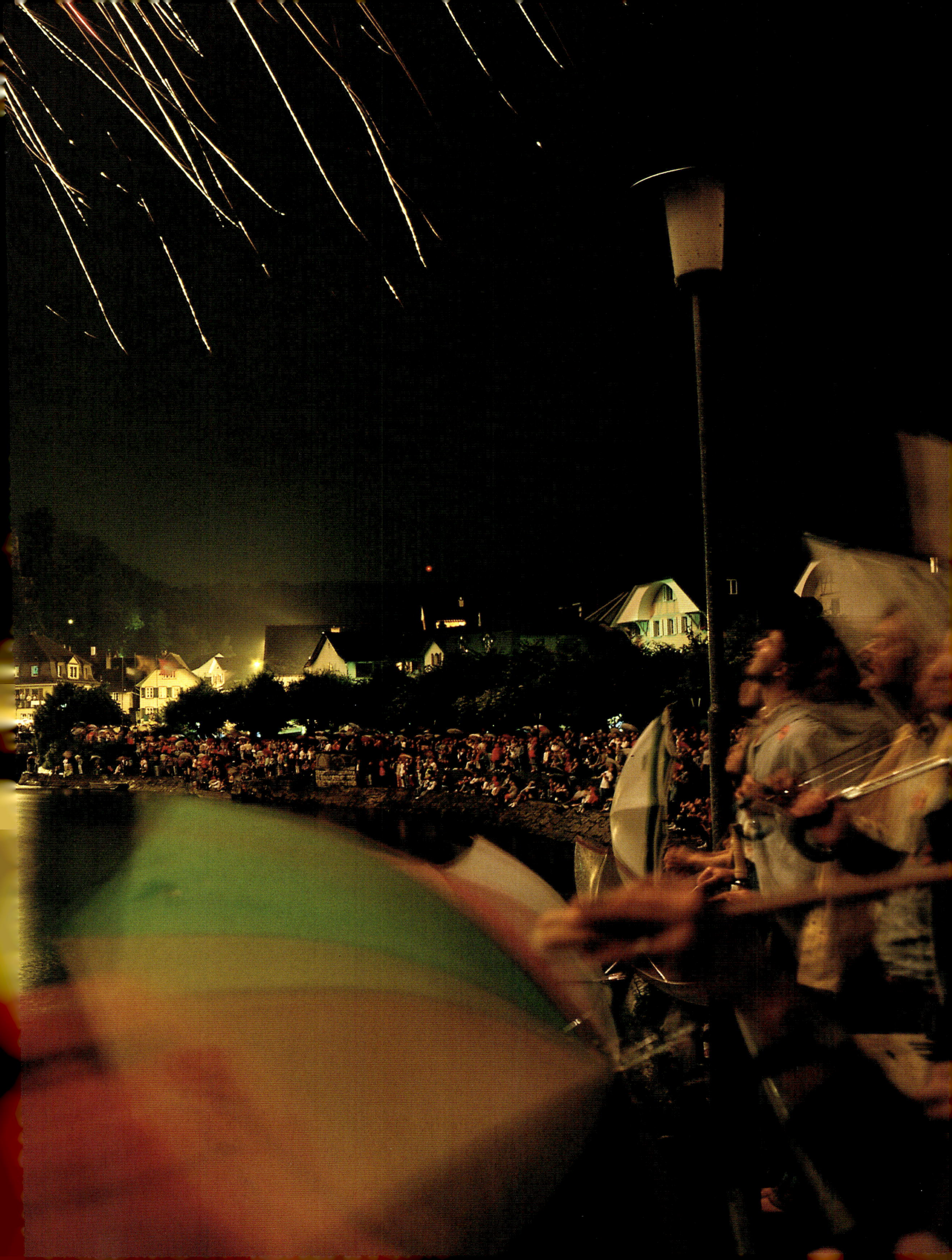

Die gedeckte Holzbrücke von Turgi ist weniger bekannt als ähnliche Brückenbauten in Bremgarten und Sins.

Der Laufen gab der Stadt Laufenburg den Namen. Felssprengungen und Aufstau des Flusses brachten um 1910 den «kleinen Rheinfall» zum Verschwinden. ☐ Nächste Doppelseite: Der runde Altstadtkern der Hauptstadt Aarau mit mehreren Tor- und Stadttürmen.

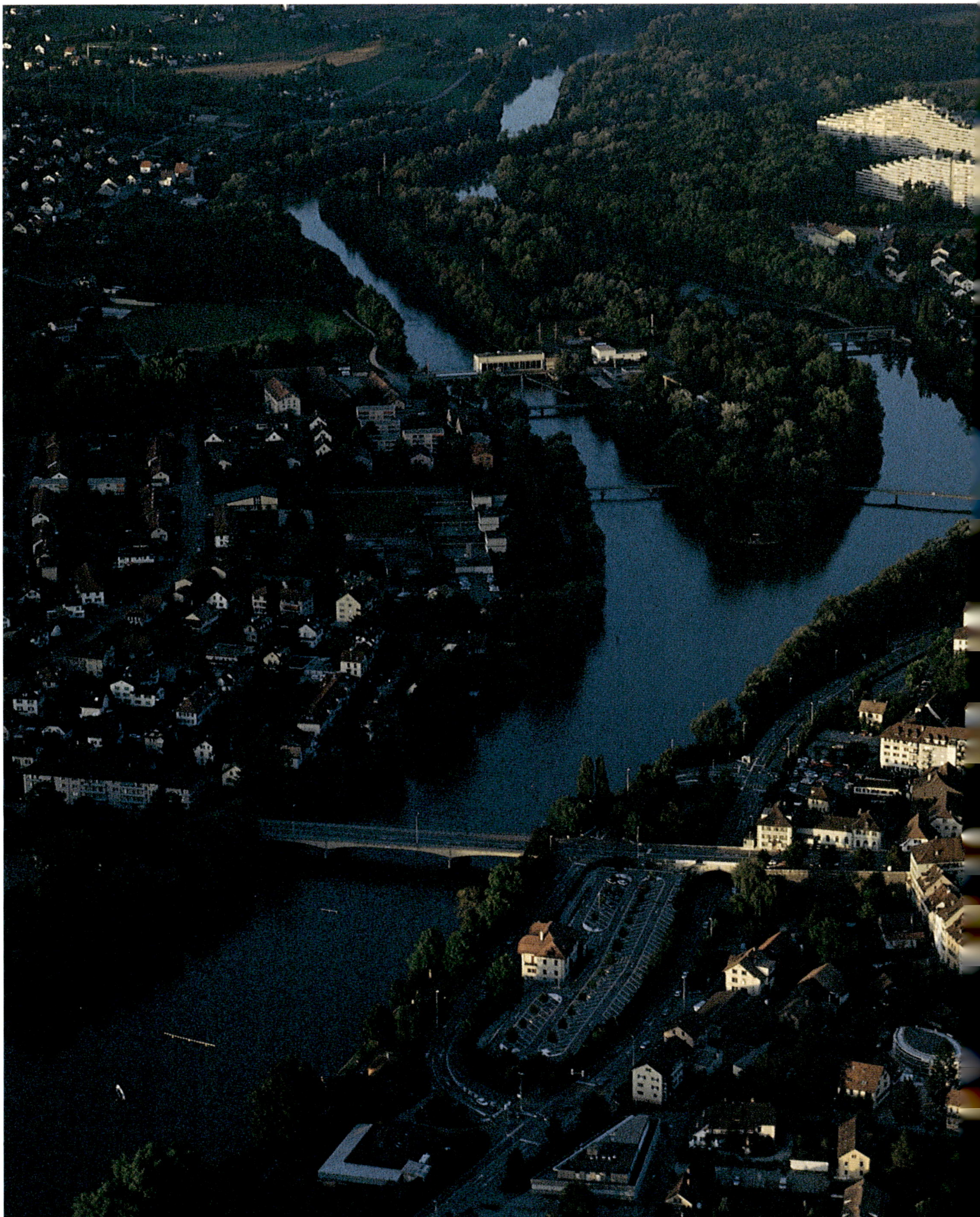

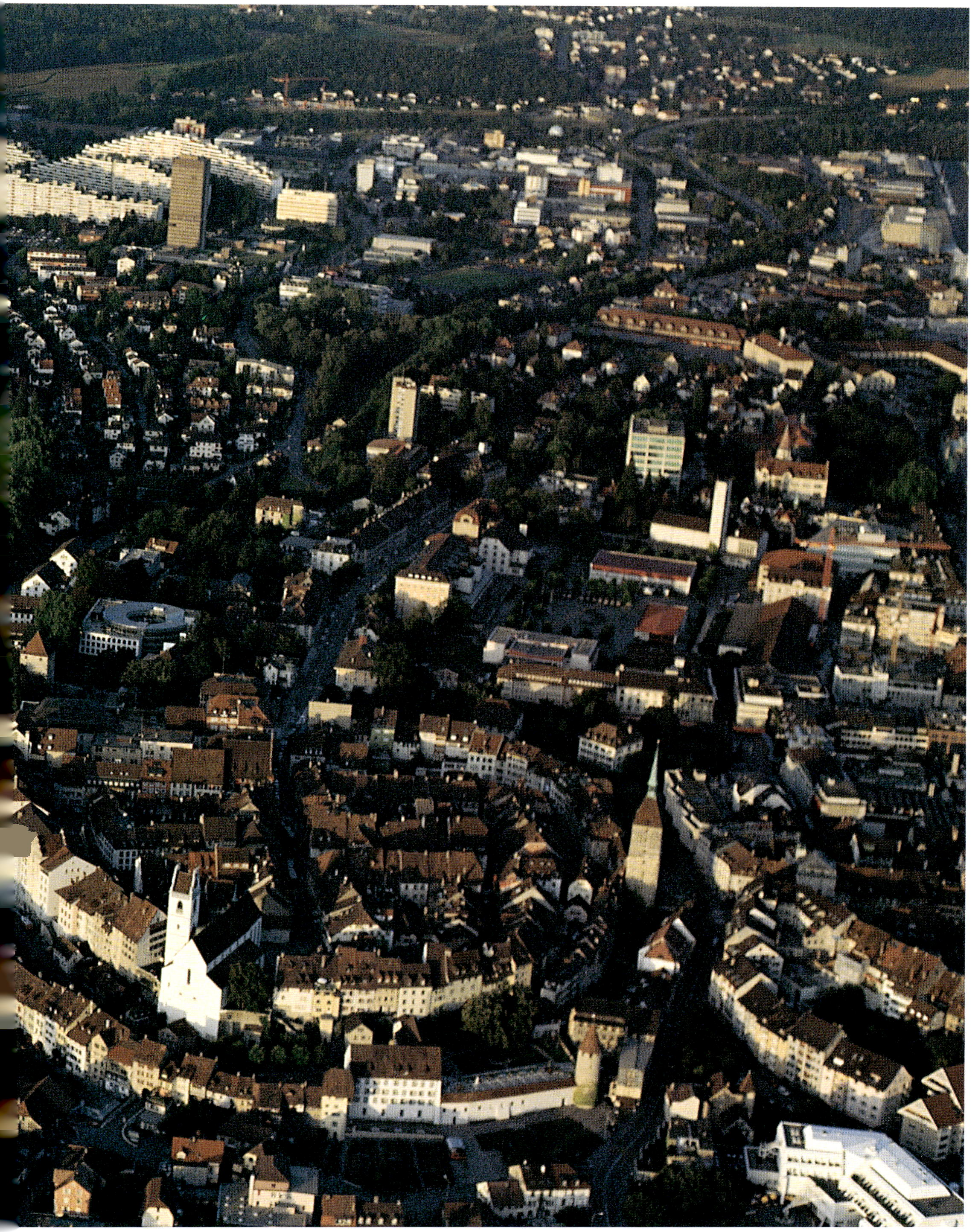

Die Kapelle des Schlosses Horben auf der Anhöhe des Lindenberges. ☐ Feld-, Weg- oder Flurkreuze zeugen von der Volksfrömmigkeit. Kreuze mit Corpus wie bei diesem Fricktaler Beispiel in Oberzeihen findet man eher selten.

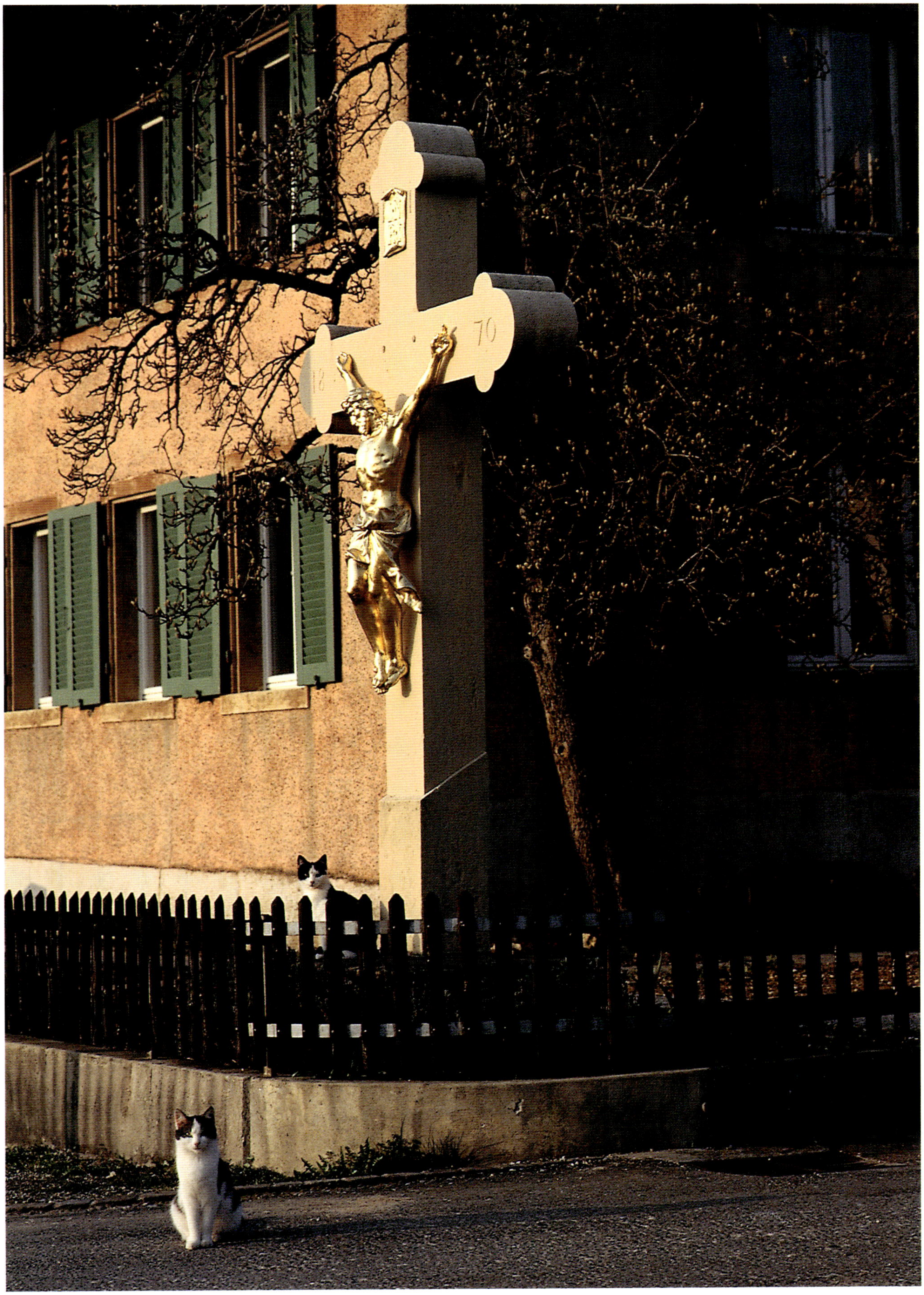
18
70

Schiessplatz Oberentfelden. Die obligatorische Schiesspflicht der Milizsoldaten hat den Schiesssport vielerorts stark verankert.

Jungschützen in Kaisten.

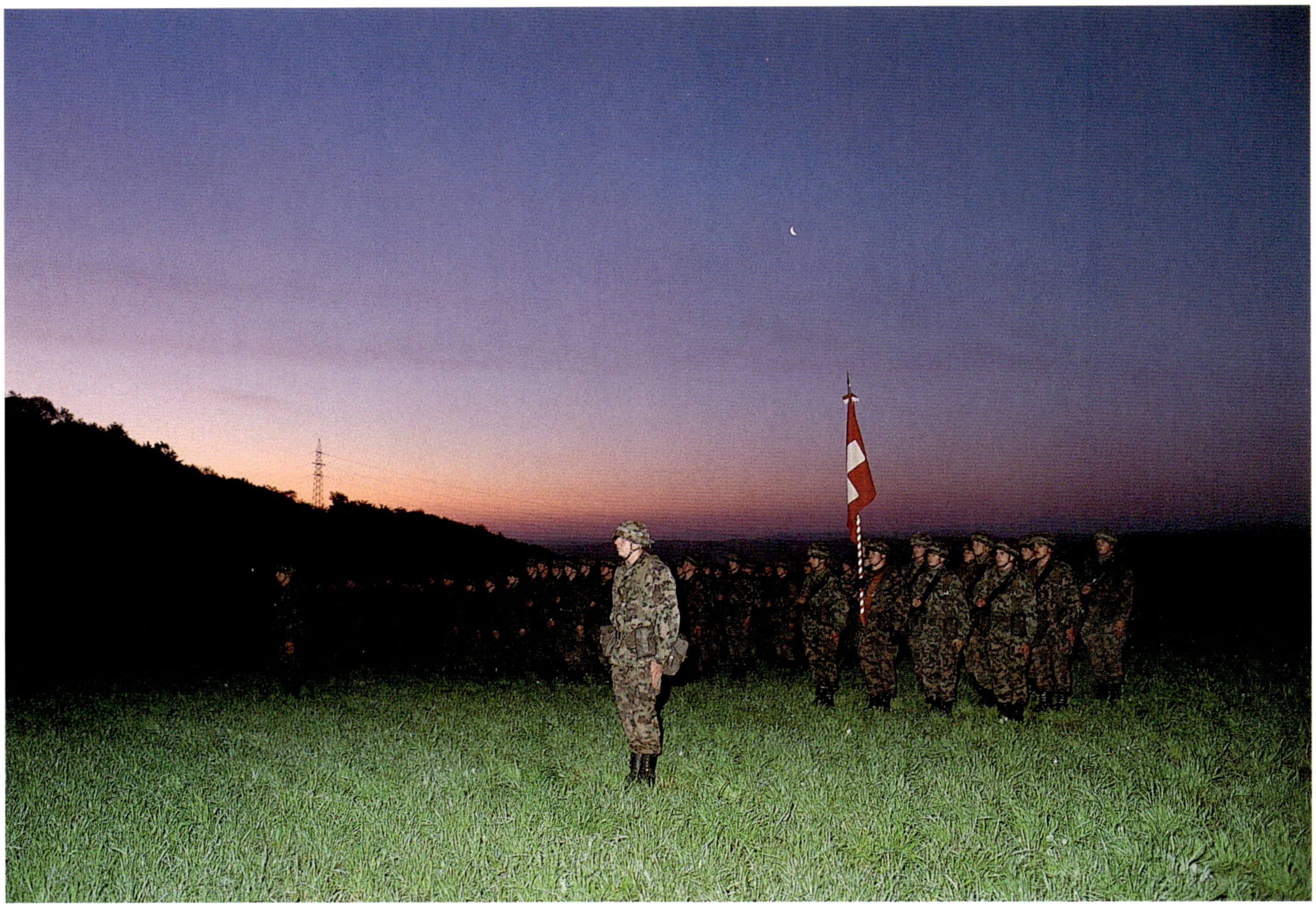

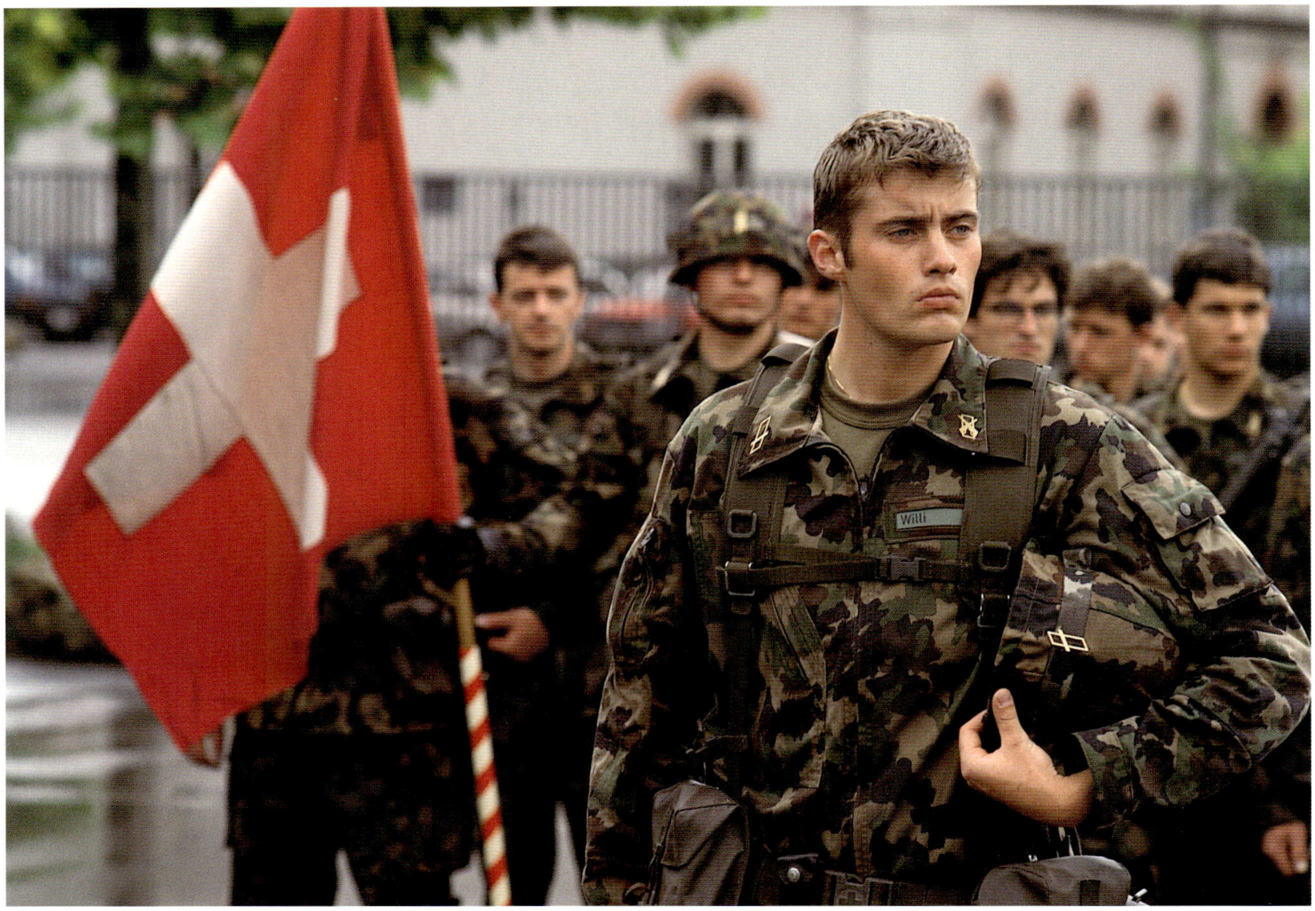
Willi

Infanteristen vom Waffenplatz Aarau vor und während der Fahnenübernahme. ☐ Auf den eidgenössischen Waffenplätzen in Brugg und Bremgarten werden Sappeure, Pontoniere und Mineure ausgebildet.

Grenzübergang Kaiserstuhl. Die Kantonsgrenze ist längs des Rheins zugleich Landesgrenze mit entsprechenden Zollämtern.

Bei der Autobahnausfahrt Kölliken. Bei rund 37 000 Delikten pro Jahr hat die Kantonspolizei mit fünf- bis sechshundert Mann alle Hände voll zu tun.

Wahllokal. ☐ Herznach. In der direkten Demokratie ist die politische Arbeit auf Gemeindeebene ebenso wichtig wie im Rat der Zweihundert, dem Grossen Rat. ☐ Im Grossratsgebäude tagt die gesetzgebende Behörde des Kantons, der Grosse Rat.

173

ANDREAS STEIGMEIER

Vielkantiges Profil der Wirtschaft

■ Wo die Autobahn den Kanton Zürich verlässt, verheisst eine Tafel mit der Aufschrift «Aargau» ländliche Idylle. Durch eine liebliche Landschaft führt ein Weg (ist es die Autobahn?), darunter zeigen fünf, sechs Vignetten stilisierte Burgen und Landschaftsbilder. Ein Fremdenverkehrskanton? Ein Agrarkanton? Weder noch. Der Blick nach links macht klar: Was die Tafel weismachen will, entspricht kaum der ganzen Realität. Da stehen Lagerhallen, Einkaufszentren, Wohnhochhäuser; der Aargau ist, nach dem kantonalen Volkseinkommen gerechnet, immerhin der fünftgrösste Wirtschaftskanton der Schweiz nach Zürich, Bern, der Waadt und Genf.

Wer beispielsweise die Jurakantone mit der Uhrenindustrie verbindet, die Ostschweiz mit der Stickerei oder die Produktion von Schweizer Weisswein mit dem Wallis und der Waadt, der wird Mühe haben, für die Wirtschaft im Aargau ähnlich klare Kategorien zu finden. Strohindustrie? Das war einmal. Tabakindustrie? Nur in einem kleinen Gebiet. Trotzdem hat die Wirtschaft im Aargau ihr eigenes Profil, wenn dieses auch mehrere und verschieden stark geschliffene Kanten hat.

Sie ist industriell

Die Wirtschaft im Aargau basiert überdurchschnittlich stark auf dem Sektor Industrie. 1990 arbeiteten 38 Prozent aller Erwerbstätigen in industriellen Betrieben. Gesamtschweizerisch waren es nur 32 Prozent. Die starke Industrialisierung des Aargaus war früher noch ausgeprägter. Zwischen 1950 und 1970 betrug der Anteil der Industriebeschäftigten gute 60 Prozent, während der schweizerische Mittelwert nie über 46 Prozent lag.

Dass der Dienstleistungssektor im Aargau lange Zeit wenig entwickelt war, ist mit dem Fehlen eines grossstädtischen Zentrums leicht erklärbar. Der wirtschaftliche Umstrukturierungsprozess, der seit der zweiten Hälfte der siebziger Jahre im Gang ist, hat allerdings zu einer deutlichen Verlagerung geführt. Selbst innerhalb des Industriesektors erhöhte sich der Anteil der «Büroberufe» in wesentlichem Ausmass. Grund dafür sind unter anderem die Automatisierung der Produktion und ihre teilweise Verlagerung in sogenannte Billiglohnländer. Mitte der achtziger Jahre überholte im Aargau der Dienstleistungssektor, was die Zahl der Beschäftigten betrifft, den Industriesektor.

Sie ist stark in Branchen gegliedert

Im Aargau dominiert kein Wirtschaftszweig übermässig. Die Produktions- und Dienstleistungsbetriebe sind bemerkenswert vielgestaltig in der Art und in ihrer räumlichen Gliederung. Multizentral wie der Kanton ist auch die Wirtschaft.

In der Industrie gibt es zwar eine führende Branche, die Maschinen-, Elektro- und Metallindustrie, mit einem Anteil von 37 Prozent aller Industriebeschäftigten. Es wäre jedoch falsch, aus dieser Zahl und aus dem Vorsprung aufs Baugewerbe als zweitgrösste industrielle Branche (23 Prozent) eine aargauische Besonderheit ableiten zu wollen. In der Schweiz als Ganzes hat derselbe Wirtschaftszweig die Nase vorn. Maschinen, Elektro-

und Elektronikprodukte sind vor den Chemikalien und den Instrumenten und Uhren mit Abstand die meistexportierten Güter der Schweiz.

An dritter Stelle steht die chemische Industrie mit einem Anteil von zehn Prozent der Beschäftigten. Seit den siebziger Jahren ist der Aargau der drittstärkste Chemiekanton der Schweiz. Bei den grösseren Firmen handelt es sich um Tochtergesellschaften oder Zweigwerke grosser Chemiekonzerne, aber daneben gibt es eine ganze Reihe alteingesessener aargauischer Chemiefirmen.

Die übrigen Industrien fallen zahlenmässig weniger ins Gewicht. Es gibt höchstens einige regionale Besonderheiten. So sind Holzverarbeitung und Möbelherstellung vor allem im unteren Aaretal konzentriert und die Tabakindustrie im aargauisch-luzernischen Grenzland im Bereich von Reinach und Menziken ansässig. Die Textil- und Bekleidungsindustrie hatte einen klaren Schwerpunkt im Bezirk Zofingen. In dieser Branche war der Aargau seit dem 18. Jahrhundert nach St. Gallen und Zürich der drittwichtigste Kanton. Noch Mitte der siebziger Jahre arbeitete jede achte industrielle Arbeitskraft in der Textilindustrie. Seither ist dieser Wirtschaftszweig in sich zusammengefallen wie kein zweiter. Allein zwischen 1975 und 1985 verlor die Bekleidungsindustrie die Hälfte ihrer Betriebe und ein Drittel der Beschäftigten. Zu Beginn der neunziger Jahre arbeiteten nur noch vier Prozent der Industriebeschäftigten in dieser Branche.

Die im Freiamt besonders verbreitete Hutgeflechtindustrie, früher auch Strohindustrie genannt, existiert überhaupt nicht mehr. In den sechziger Jahren brach das Geschäft mit den Vereinigten Staaten und damit die letzte Stütze der traditionellen aargauischen Geflechtindustrie zusammen. Mehrere Firmen mit zum Teil über hundertjähriger Tradition mussten den Betrieb einstellen. Einigen Unternehmen gelang es, auf der Basis von Techniken, die der Geflechtindustrie gedient hatten, auf völlig andere Produkte umzustellen, hauptsächlich im Kunststoffbereich. Damit verschwand die starke Abhängigkeit der Region Wohlen von einem einzigen Wirtschaftszweig.

An Rohstoffen ist der Aargau nicht besonders reich. Immerhin sind drei Spezialitäten zu nennen: Salz, Zement und Kies. In den Regionen Zurzach und Rheinfelden befinden sich 150 bis 350 Meter unter der Erdoberfläche Steinsalzvorkommen, die 20 bis 50 Meter mächtig sind und seit der Mitte des 19. Jahrhunderts ausgebeutet werden. Ihre Erschliessung befreite damals die Schweiz von der totalen Auslandabhängigkeit bei der Beschaffung dieses lebenswichtigen und früher entsprechend teuren Stoffs. Einen weiteren Schwerpunkt bildet die Zementindustrie, die im Aargau rund ein Drittel des Landesverbrauchs produziert. Sie findet im Aargauer Jura qualitativ und quantitativ hervorragende Rohmaterialvorkommen. Bei ihrem Aufbau gegen Ende des 19. und zu Beginn des 20. Jahrhunderts profitierte sie zudem von der bereits ausgeprägten Standortgunst an den Eisenbahnlinien quer durch das schweizerische Mittelland und von den reichlich vorhandenen Arbeitskräften. Am Rand des Juras, wo sie sich ansiedelte, waren nämlich kurz nach der Jahrhundertwende grosse Teile der Bevölkerung in einer Notlage. Die Reblaus hatte die Reben und mit ihnen eine wichtige

Existenzgrundlage in diesem Raum zerstört. Der dritte nennenswerte Bodenschatz, Kies, steht dem Aargau dank seinen grossen Flüssen in reichlichem Mass zur Verfügung. Die Ausbeutung erreichte 1971 bis 1974, während des Nationalstrassenbaus und des Booms in der Bauwirtschaft, ihren Höhepunkt. Seither nehmen die Abbau-Mengen tendenziell ab. Die qualitativ wertvollsten Kiesvorkommen liegen in den grossen Grundwassergebieten. Der Interessenkonflikt zwischen der Kiesindustrie und dem Grundwasserschutz hat dazu geführt, dass heute vermehrt kieshaltiges Aushubmaterial minderer Qualität und rezyklierter Bauschutt zu Kies aufbereitet werden. Die kantonale Gesetzgebung erschwert zudem die Öffnung neuer Gruben.

Der Dienstleistungssektor erstreckt sich im Aargau über alle Sparten. Er entspricht in vielen Bereichen der dezentralen Struktur des Kantons. Beispielhaft lässt sich dies am aargauischen Bankensystem zeigen. Im 19. Jahrhundert entstand eine respektable Zahl von Lokal- und Regionalbanken, damals meist Spar-, Leih- oder Gewerbekassen genannt. Sie entsprangen der aufklärerischen Idee, dass auch die minderbemittelte Landbevölkerung ihr Geld kapitalbildend aufbewahren sollte. Die Grossbanken fassten im Aargau erst viel später Fuss, und zwar indem sie bisherige Regionalbanken übernahmen, so die Schweizerische Bankgesellschaft 1919 die Aargauische Creditanstalt in Aarau und die Bank in Baden, der Schweizerische Bankverein 1935 die Bank in Zofingen. Lange Zeit, bis nach dem Zweiten Weltkrieg, lag der Aargau mit der Zahl der Banken pro Kopf der Bevölkerung an der Spitze aller Kantone. Noch 1975 wies er mit 518 Bankstellen nach dem Kanton Bern die zweitgrösste Bankendichte der Schweiz auf. Auf eine Bankniederlassung kamen bloss 853 Einwohner. Kein Wunder, ist die aargauische Bankenlandschaft von dem in der Branche rasch fortschreitenden Konzentrationsprozess nicht ausgenommen. Eindrücklichstes Beispiel war der 1989 erfolgte Zusammenschluss der beiden grössten innerhalb der Kantonsgrenzen tätigen Institute zur Neuen Aargauer Bank, der grössten Regionalbank der Schweiz.

Für die Elektrizitätswirtschaft ist der Aargau wegen seiner grossen Flüsse besonders wichtig. Hier werden 30 Prozent des inländischen Stroms erzeugt. Genf und Basel-Stadt sind die einzigen Kantone, die kein Wasser in den Aargau liefern. Gegen Ende des letzten Jahrhunderts entstanden verschiedene lokale Elektrizitätswerke. Die Erkenntnis, dass der Aargau mit Laufkraftwerken seinen Energiebedarf zu Spitzenzeiten nicht würde decken können, war ein mitbestimmender Faktor bei der Gründung der Nordostschweizerischen Kraftwerke, des grössten schweizerischen Überlandwerks, das seinen Sitz in Baden hat und an welchem der Kanton direkt und indirekt über das Aargauische Elektrizitätswerk mit 28 Prozent beteiligt ist. Als in den sechziger Jahren die ersten Kernkraftwerke projektiert wurden, bot sich der Aargau wegen seiner grossen Flüsse, welche die enormen Kühlwassermengen liefern konnten, wiederum als idealer Standort an. Drei der fünf schweizerischen Kernkraftwerke stehen im Aargau, ein weiteres wenige Kilometer von seiner Westgrenze entfernt.

Sie ist krisenresistenter

Dank dem ausgewogenen Branchenmix kannte der Aargau in den letzten Jahrzehnten keine wirtschaftlichen Krisensituationen, wie sie Regionen erdulden mussten, die von einem Wirtschaftszweig besonders abhängig waren, beispielsweise die von der Uhrenindustrie dominierten Regionen der Westschweiz. Die vielgestaltige und dezentrale Wirtschaftsstruktur hielt die Folgen rezessiver Phasen in engeren Grenzen als in den meisten anderen Regionen der Schweiz.

An den Arbeitslosenzahlen lässt sich dies deutlich ablesen. Die Arbeitslosenquote lag im Aargau zwischen 1975 und dem Ende der achtziger Jahre konstant um einige Promille unter dem gesamtschweizerischen Wert. In der Rezessionsphase der frühen neunziger Jahre war dieses Phänomen noch ausgeprägter zu beobachten. Auf dem bisherigen Höchststand Anfang 1994 waren in der Schweiz 5,2 Prozent der Erwerbsbevölkerung arbeitslos, im Aargau hingegen nur 3,7 Prozent.

Sie ist geografisch und verkehrsmässig begünstigt

Die Qualität des Wirtschaftsstandortes Aargau liegt vor allem in der guten Verkehrslage. Hier, im Dreieck zwischen den Agglomerationen Zürich, Basel und Bern, schneiden sich die wichtigsten Verkehrsachsen der Schweiz: West–Ost und Nord–Süd. Der Raum der Europäischen Union, wohin die schweizerischen Produktionsunternehmen mengen- und wertmässig weitaus am meisten exportieren, ist am Hochrhein greifbar nah, die wichtigen Ausfuhrpforten Basel und Zürich-Kloten sind einfach und rasch zu erreichen.

Die Verkehrserschliessung per Schiene und Strasse ist optimal. Der Aargau liegt bezüglich der Bodenfläche an neunter Stelle aller Kantone, bezüglich der Gesamtstrassenlänge jedoch an vierter Stelle. In den letzten Jahren wurden spezielle Verladebahnhöfe für den kombinierten Verkehr Bahn-Strasse gebaut. Die gute Verkehrslage schuf für fast alle Branchen dieselben vorzüglichen Bedingungen, was eigengesetzlich und ohne staatliche Steuerungsmassnahmen zur ausgeglichenen Branchenstruktur beitrug.

Im aargauischen Mittelland war und ist genügend Industriefläche vorhanden. Jene Unternehmungen, die in den Grossagglomerationen räumlich eingeengt waren, verleitete dieses Vakuum dazu, vor allem jene Tätigkeiten in den Aargau auszugliedern, die einen grossen Flächenbedarf haben. Die gute Erschliessung mit den Nationalstrassen N1 und N3 förderte diesen Prozess; er ist noch nicht abgeschlossen. Die Standortwahl nach verkehrsgeografischen Kriterien hat frühe und prominente Beispiele: So wurde die Brauerei Feldschlösschen 1876 bewusst an der Eisenbahnlinie Basel–Zürich gebaut, und 1939 liess sich die damals in Basel domizilierte Firma Möbel-Pfister in Suhr direkt neben der Überlandstrasse Bern–Zürich nieder.

Sie ist kleingliedrig

Bis 1972 besteuerte der Aargau die juristischen Personen nach einem eigenwilligen Steuergesetz: Steuerbar war nicht der Reinertrag, sondern nur der ausgeschüttete Gewinn. Die einbehaltenen Gewinne blieben dagegen steuerfrei. Dies ermunterte die Unternehmen, sehr grosse Reserven zu bilden, nebenbei bemerkt ein weiterer Grund für die gute Krisenresistenz Mitte der siebziger Jahre. Dieses Besteuerungssystem begünstigte zudem vor allem junge und kleine Unternehmungen, deren Inhaber unabhängig von Fremdaktionären das Ausmass der Gewinnausschüttungen selbst bestimmen konnten. Die Kategorie der kleinen und mittleren Unternehmungen dominiert zwar in der ganzen Schweiz, ist aber im Aargau besonders stark vertreten. 1991 waren im Aargau drei Viertel aller Industriebeschäftigten und 90 Prozent der Arbeitnehmer im Tertiärsektor in Betrieben mit weniger als zehn Mitarbeitern tätig.

Sie hat die Landwirtschaft verdrängt

Im 19. Jahrhundert war der Aargau noch ein armer Agrarkanton. Die Industrie, die sich vor allem an den energieliefernden Flüssen und Bächen ansiedelte und sich nicht auf ein städtisches Zentrum konzentrierte, erschloss sich die aargauische Landschaft als Arbeitskräftereservoir. Der landwirtschaftlichen Bevölkerung bot sie einen willkommenen Zusatzverdienst. Die sogenannten «Rucksackbauern», die in der nahen Fabrik arbeiteten, daneben mit ihrer Familie aber noch einen kleinen Landwirtschaftsbetrieb führten, waren daher im Aargau besonders zahlreich. Um 1900 waren noch 36 Prozent der aargauischen Erwerbsbevölkerung in der Landwirtschaft tätig. Sie arbeiteten in rund 21000 Betrieben, wovon gut zwei Drittel hauptberuflich geführt waren. Die Zahl der Betriebe sank schon in der Zwischenkriegszeit geringfügig. Besonders stark schrumpfte sie jedoch seit den fünfziger Jahren. Dafür verantwortlich waren in erster Linie die veränderten Erwerbsgrundlagen und der zunehmende Baulandbedarf. Die Industrie bot die attraktiveren Arbeitsbedingungen als die Landwirtschaft; Mähdrescher, Melkmaschine und Ladewagen ersetzten die abwandernden Arbeitskräfte. Der Wettkampf ums Kulturland steigerte die Bodenpreise und Pachtzinsen, die für viele Kleinbetriebe nicht mehr tragbar waren.

Weite Flächen der fruchtbarsten Ackerböden in den aargauischen Flusstälern wurden infolge der stürmischen Wirtschaftsentwicklung überbaut. In den letzten hundert Jahren gingen rund 30 Prozent der landwirtschaftlichen Nutzfläche im Aargau verloren, zwei Drittel davon – die Fläche des Bezirks Zofingen – allein zwischen 1960 und 1990. Allerdings stieg dank höheren Hektarerträgen und der Ausdehnung des Ackerbaus auf früheres Wiesland in den letzten Jahrzehnten der Selbstversorgungsgrad trotz Kulturlandverlust. Die Landwirtschaft im Aargau könnte die Kantonsbevölkerung zu 80 Prozent versorgen.

1990 gab es noch knapp 7000 landwirtschaftliche Betriebe, die Hälfte davon hauptberuflich geführt. Nur noch wenig mehr als drei Prozent der Erwerbstätigen finden ihr Auskommen in der Landwirtschaft. Dieser Wert liegt einiges unter dem schweizerischen Mittel von 4,5 Prozent. Allerdings gibt es auch im Aargau regionale Unterschiede. Das obere Fricktal mit rund sechs Prozent landwirtschaftlich Erwerbstätigen und das obere Freiamt mit zwölf Prozent sind bei weitem die ländlichsten Regionen des Kantons geblieben.

Sie profitiert von einem wirtschaftsfreundlichen Klima

Der Aargau hat als einer der wenigen Kantone kein Wirtschaftsförderungsgesetz. Er lockt auch nicht mit Steuervorteilen. Die Steuerbelastung der juristischen Personen liegt ungefähr im schweizerischen Mittel. Die Standortgunst ist daher im wesentlichen auf die gute Verkehrssituation zurückzuführen. Und: Die aargauische Bevölkerung verhält sich sehr wirtschaftsfreundlich, was sich besonders bei Volksabstimmungen mit wirtschaftspolitischen Vorlagen zeigt. Die Medien tragen dazu nicht unwesentlich bei; die noch existierenden Tageszeitungen im Aargau sind freisinnige Meinungsblätter.

Entscheidend für die Ansiedlung zahlreicher grösserer Industriebetriebe im Aargau war neben der zur Verfügung stehenden Fläche das Vorhandensein eines grossen Arbeitskräftepotentials. Dieser Faktor war schon entscheidend bei der Ansiedlung der neu gegründeten Brown, Boveri & Cie. 1891 in Baden. Die beiden Gründer jener Gesellschaft, die später zum grössten Unternehmen des Aargaus aufstieg, lockte vor allem die Aussicht, dass die umliegenden Bauerndörfer ihrer rasch expandierenden Fabrik nach und nach als Reservoir für neue Arbeitskräfte dienen konnten.

Auch die Ansiedlung der Basler Chemie im Fricktal folgte im wesentlichen diesen Überlegungen. Seit Mitte der fünfziger Jahre siedelten sich in den weiten Ebenen entlang des Rheins zwischen Laufenburg und Kaiseraugst mehrere Zweigwerke grosser chemischer Unternehmungen an, herbeigelockt durch das grosse Angebot an ebenen Industrieflächen und noch nicht industriell tätigem Personal. Die grossen Chemiekonzerne aus Basel unterzogen das bis dahin ausgesprochen agrarische Fricktal einem intensiven Industrialisierungsprozess. Die Werke wurden zumindest anfänglich von den Behörden und der Bevölkerung geradezu euphorisch begrüsst, weil sie Arbeitsplätze schufen und Geld in die ländlichen Gemeinden brachten.

Die wirtschaftsfreundliche Einstellung zahlt sich für die aargauische Bevölkerung nur bedingt aus. Das Volkseinkommen pro Kopf liegt unter dem Landesdurchschnitt, wenn auch nur knapp. Und dies, obwohl seit dem Zweiten Weltkrieg eine überdurchschnittliche Bevölkerungs- und Wirtschaftsentwicklung stattgefunden hat. Diese erstaunliche Tatsache hängt mit der räumlichen Arbeitsteilung im schweizerischen Mittelland zusammen. Der Aargau übernimmt Funktionen, die weniger Ertrag bringen und auch weniger qualifizierte Arbeit bedingen. Wie schon gesagt, war der Aargau in den letzten Jahrzehnten, besonders seit dem Nationalstrassenbau, ein Ausweichstandort für flächenintensive Aktivitäten. So finden sich entlang der Autobahn Verteilzentren und grossflächige Produktionsanlagen zahlreicher in anderen Kantonen angesiedelter Unternehmen. Die darin erbrachte Wertschöpfung fällt aber als Kapital- oder Gewinneinkommen in den ausserhalb des Aargaus niedergelassenen Unternehmenszentralen an. Das kantonale Finanzdepartement errechnete Ende der siebziger Jahre, dass die öffentliche Hand im Aargau durch diese Tatsache jährlich 40 bis 60 Millionen Franken an Steuereinnahmen einbüsse.

Sie bildet keinen geschlossenen Wirtschaftsraum

Wirtschaftliche Grenzen fallen je länger, desto weniger mit politischen zusammen. Eine aargauische Wirtschaft gibt es in diesem Sinn nicht. Sie ist Teil der nationalen, der europäischen, ja der globalen Wirtschaft. Neben den nationalen und internationalen Verflechtungen der Unternehmungen im Aargau werden vermeintliche Grenzen eines Wirtschaftsraums auch durch Pendlerbewegungen aufgelöst. Die Sogwirkung der ausserkantonalen Zentren auf die aargauische Bevölkerung hat sich in den Jahrzehnten seit dem Zweiten Weltkrieg laufend verstärkt. 1990 suchten bereits 55 000 Bewohnerinnen und Bewohner des Aargaus, dies sind 20 Prozent der Erwerbstätigen, ausserhalb des Kantons Arbeit. Gleichzeitig überschritten 22 000 Menschen aus anderen Kantonen und 11 000 aus dem Ausland täglich die Kantonsgrenzen, um im Aargau Arbeit zu finden.

Die Wirtschaft ist nurmehr bedingt an kantonale und nationale Grenzen gebunden. Der Aargau geht nahtlos in die benachbarten Wirtschaftsregionen über. Demzufolge fällt auch nicht auf, wo der Aargau, nun wieder geografisch gedacht, aufhört: Keine idyllisierende Tafel am Rand der Autobahn verabschiedet den Autofahrer.

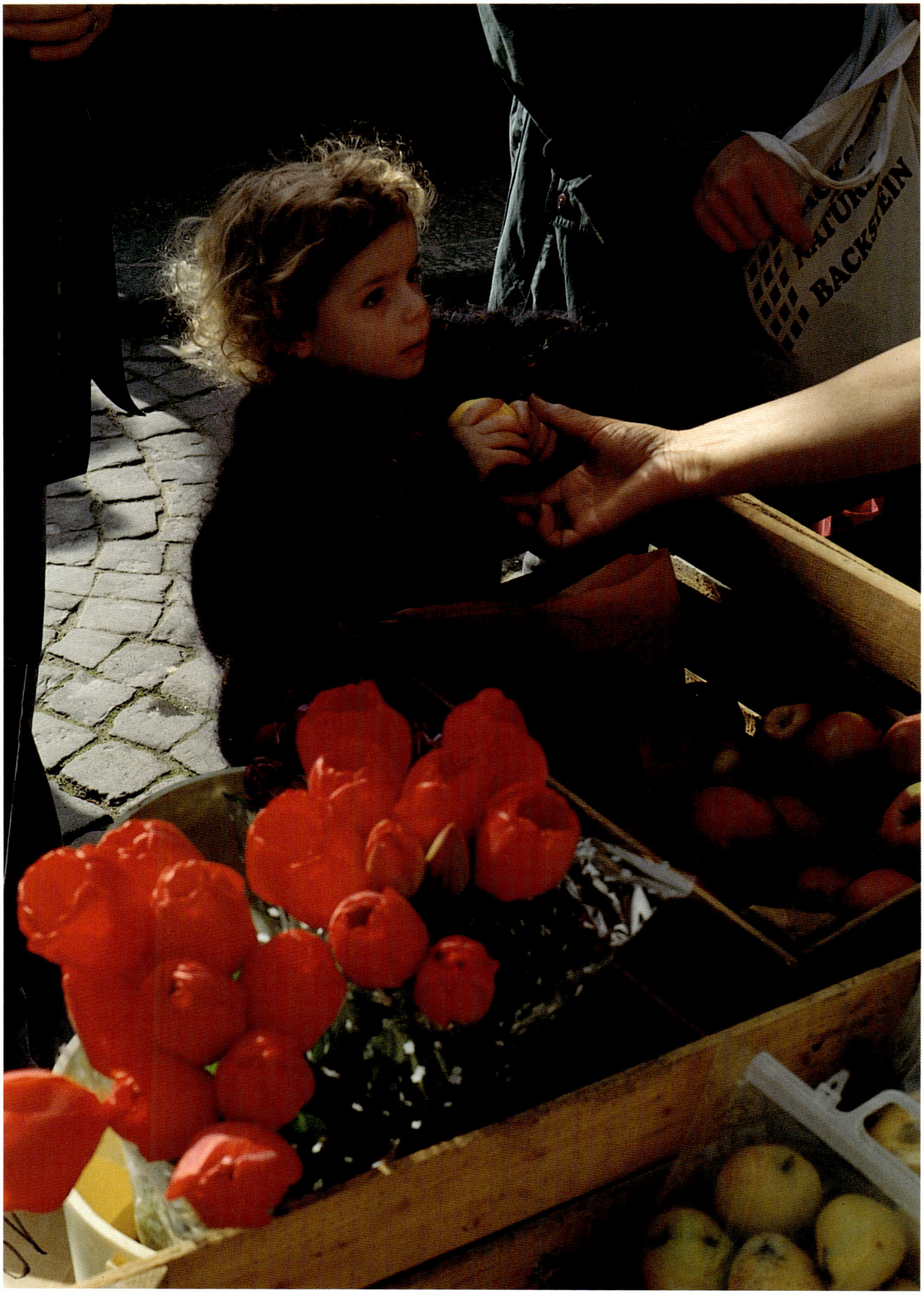
BACKSTEIN

Auf dem Markt findet der Käufer meist noch einheimische Äpfel, auch wenn der Apfelbaumbestand in den letzten vierzig Jahren von 740 000 auf 170 000 zurückgegangen ist. ☐ Jahrmärkte wie der Aarauer Rüeblimarkt oder derjenige in Zofingen sind bei alt und jung beliebt.

Kirschenernte im Fricktal. Bevorzugte Gebiete zur Anpflanzung von Kirschbäumen sind das Fricktal und das Seetal. Der Bestand an Kirschbäumen ist seit 1950 in unserem Kanton um mehr als die Hälfte zurückgegangen.

Strassenverkauf bei Densbüren Breite.

Bauern in Dietwil. Bauernhöfe im Freiamt sind charakterisiert durch den Mehrhausbau. Stall und Scheune sind vom Wohnhaus getrennt. ☐ Zwei Welten: Bäuerlicher Traktor vor dem Parabolspiegel der ETH unterhalb des Schlosses Liebegg bei Gränichen. ☐ Fricktaler Bauer.

187

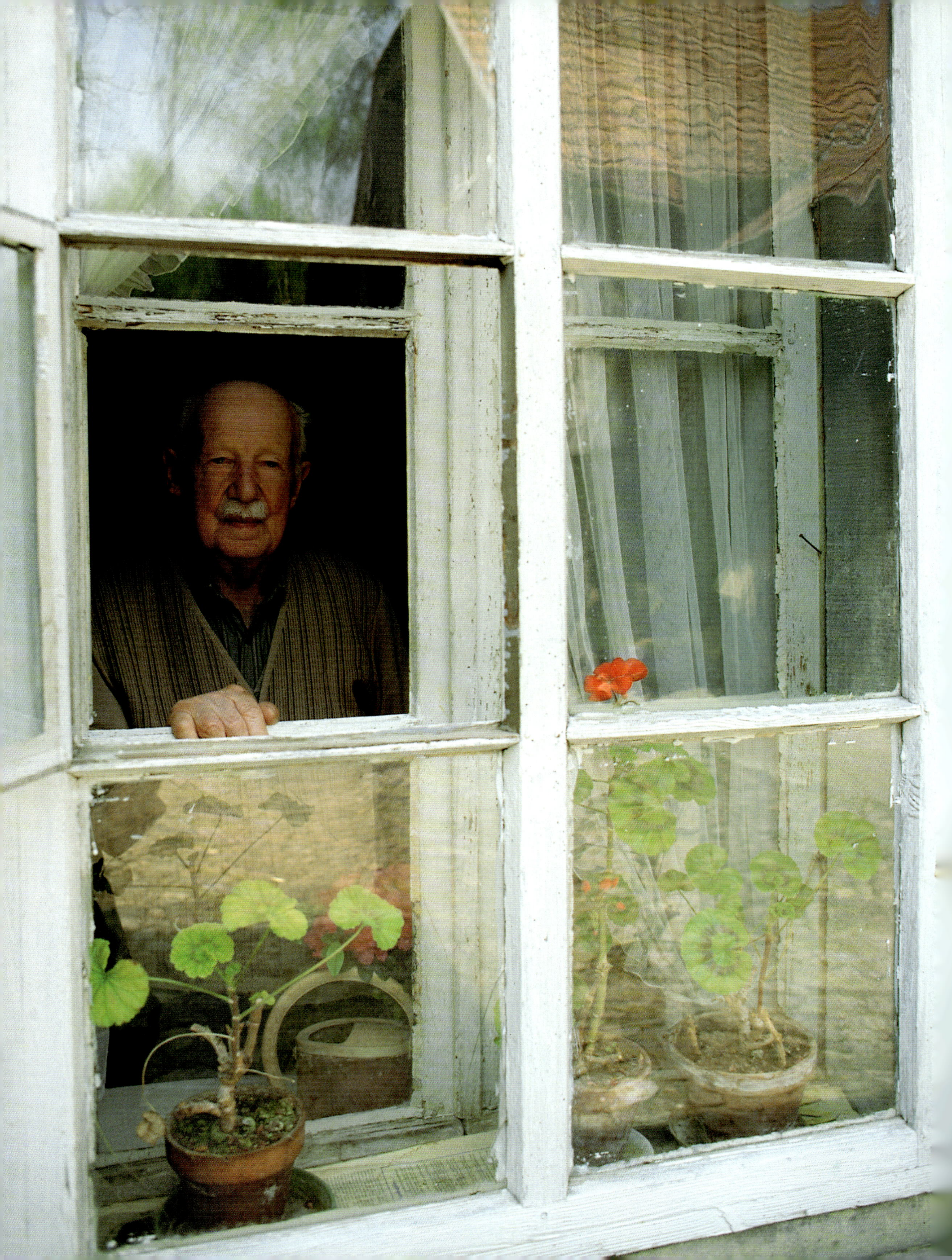

Lebenserinnerungen eines älteren Zeitgenossen in Schöftland. ☐ Nächste Doppelseite: Flugabwehrraketen auf dem Niesenberg.

190

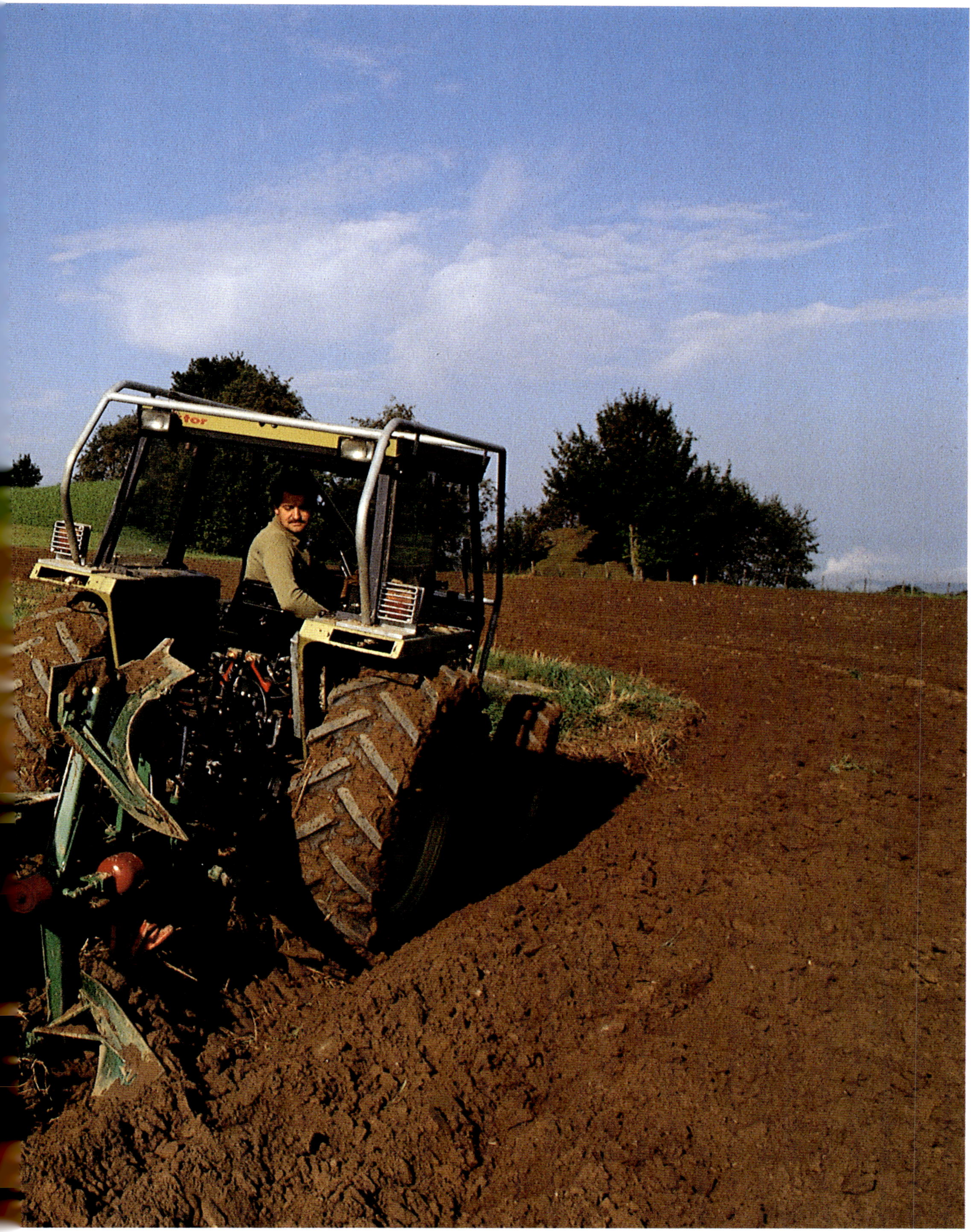

Kartoffelernte in Schöftland. Der Kartoffelanbau ist zugunsten von Zuckerrüben und andern Produkten stark zurückgegangen. ☐ Weinlese bei Tegerfelden. Mengenmässig und qualitativ befindet sich der Rebbau im Aufwind. ☐ Kunstvolle Zwiebelverarbeitung in Birrwil.

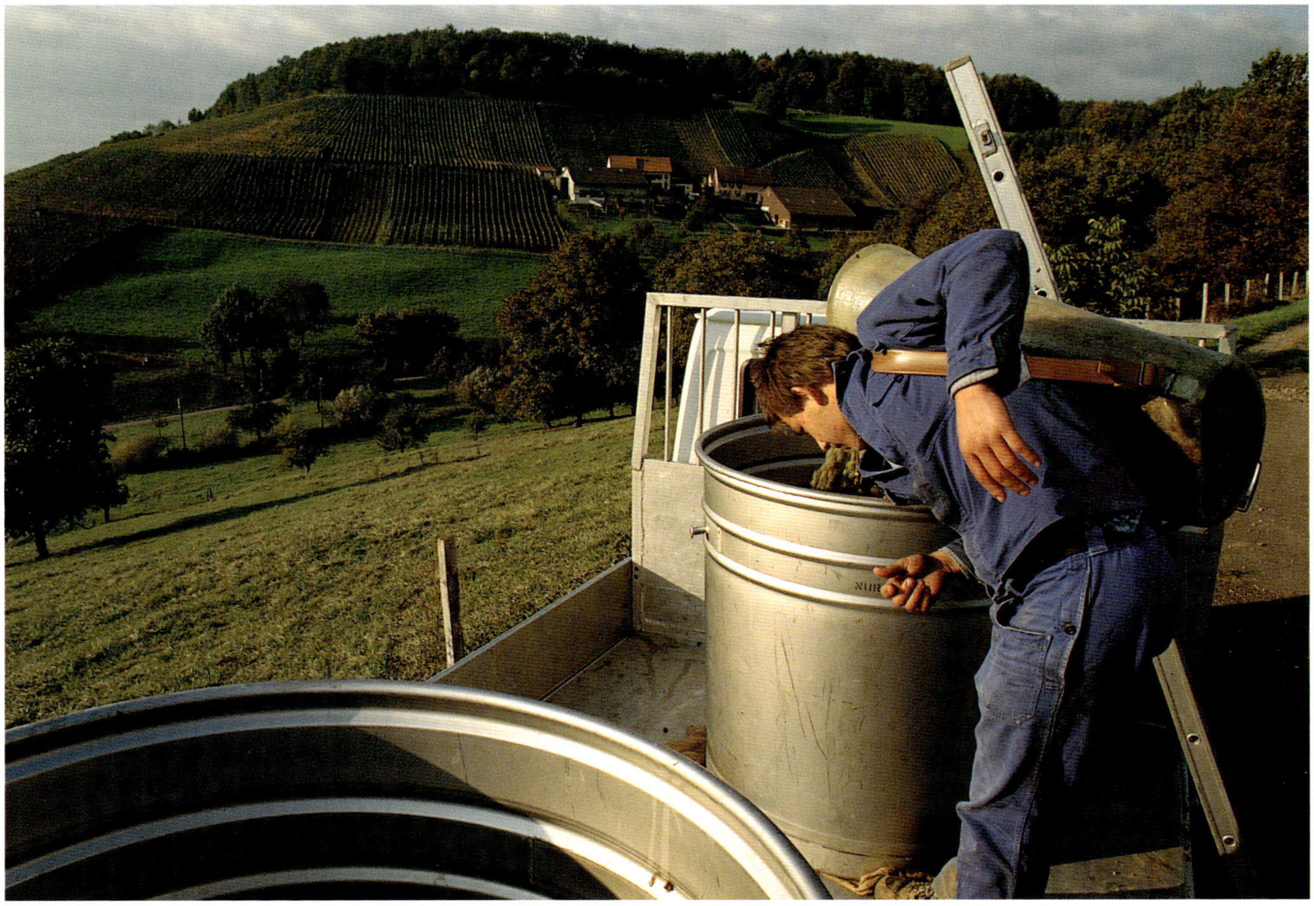

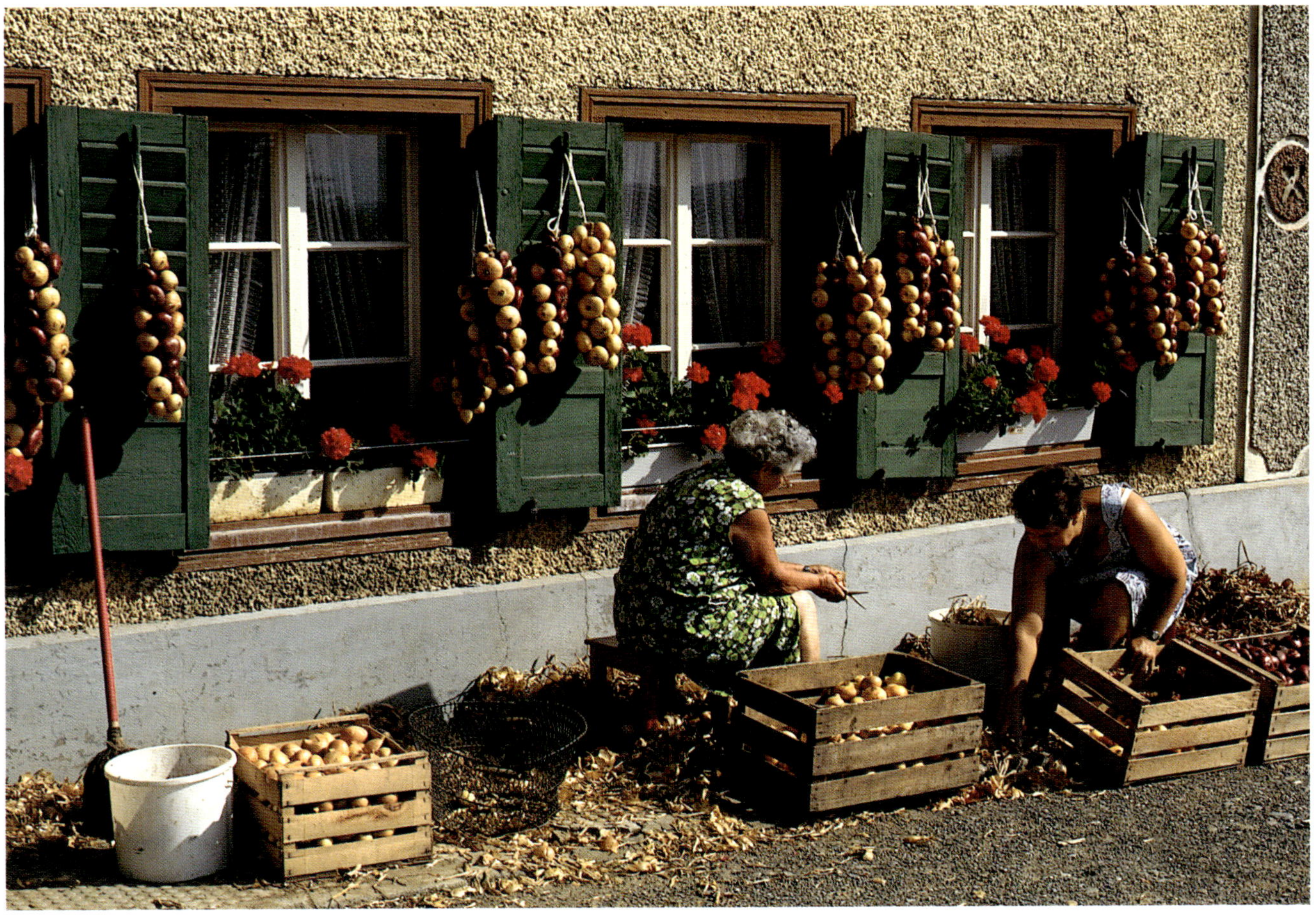

Die Natur holt manches in ihren Schoss zurück, wenn man ihr genügend Zeit lässt.

Bauernfamilie in Neudorf bei Uerkheim. ☐ Das typische Fricktaler Rundbogen-Scheunentor.

Häufigster Fensterschmuck in Stadt und Land: Geranien, Hängegeranien und Betunien, hier ein prachtvolles Beispiel in Seengen.

Bauernkinder in Kölliken.

Rütihof bei Gränichen.

Kastelen bei Oberflachs.

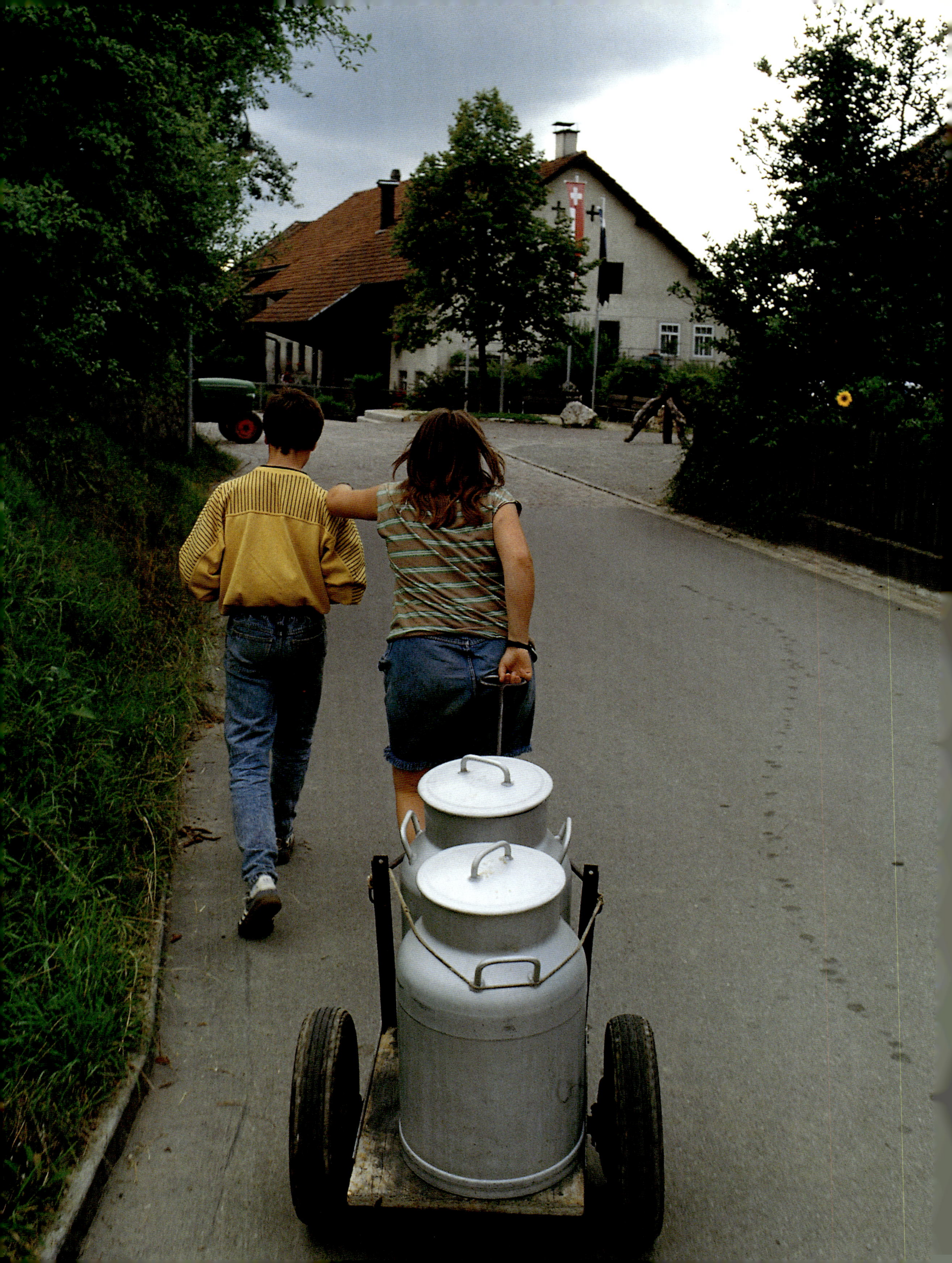

Linn. Kinder leisten auf landwirtschaftlichen Betrieben seit jeher ihr Teil an der Arbeit. ☐ Wie hier in Schöftland wird ein Gutteil der angelieferten Milch in vielen Dorfkäsereien zu Emmentaler verarbeitet.

Viehmarkt in Schöftland. Im Viehhandel gilt nach wie vor der Handschlag als Vertragsbesiegelung. ☐ Schlachttag in Gränichen. Störmetzger, die früher in jedem Bauerndorf zu finden waren, sind seltener geworden.

203

Einkaufszentrum Spreitenbach. Einkaufszentren haben Vorzüge; sie tragen aber auch zum Eingehen kleiner Dorf- und Quartierläden bei, die dann vor allem älteren Leuten fehlen.

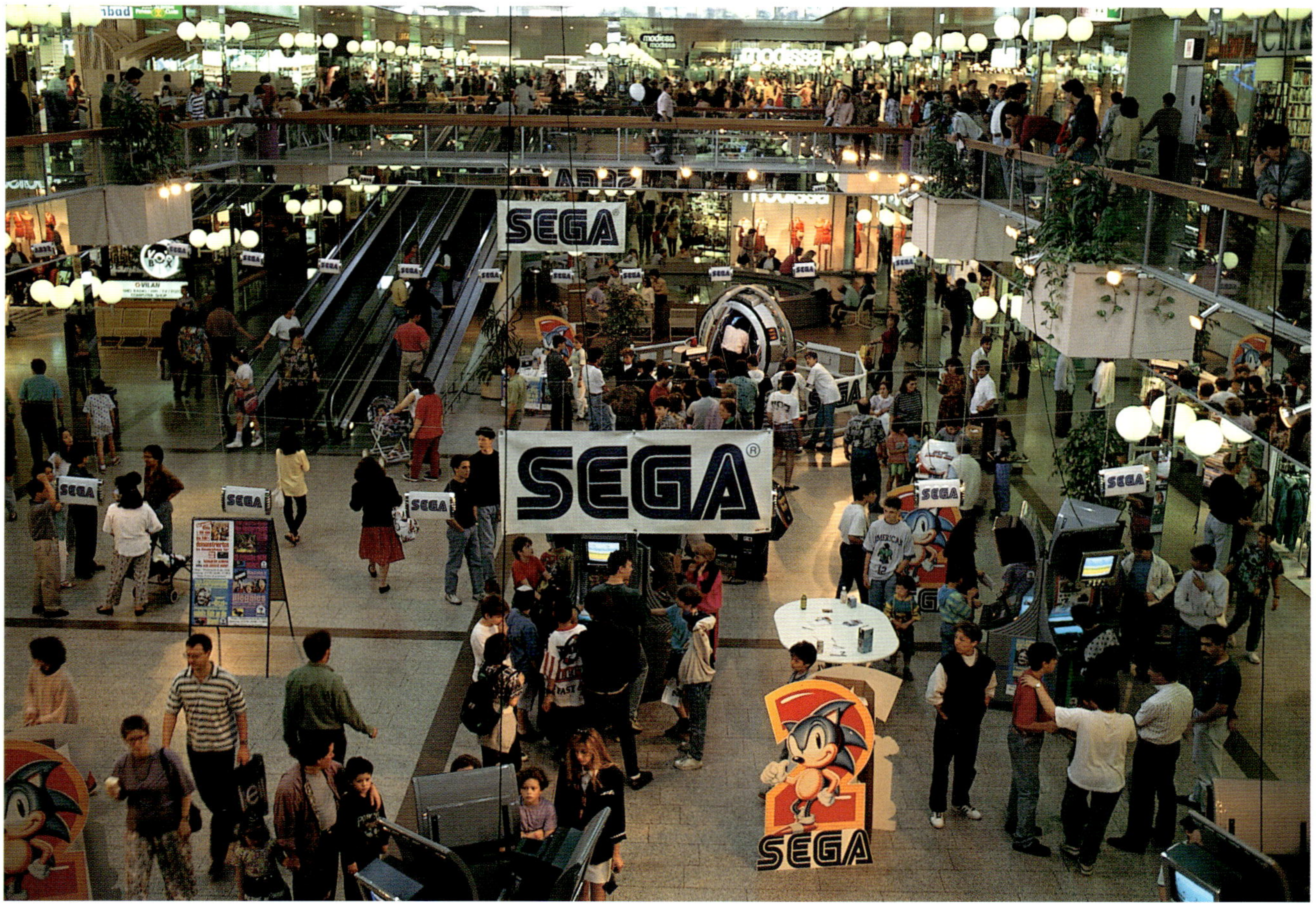
SEGA
SEGA
SEGA

Einer der ältesten Aarauer Industriebetriebe ist die Glockengiesserei.

Brauerei Feldschlösschen in Rheinfelden. Das aus Gerstenmalz, Hopfen und Wasser hergestellte Bier wurde früher in Wirtschaften und Kleinbrauereien gebraut. Heutzutage besorgen Grossbetriebe das Geschäft.

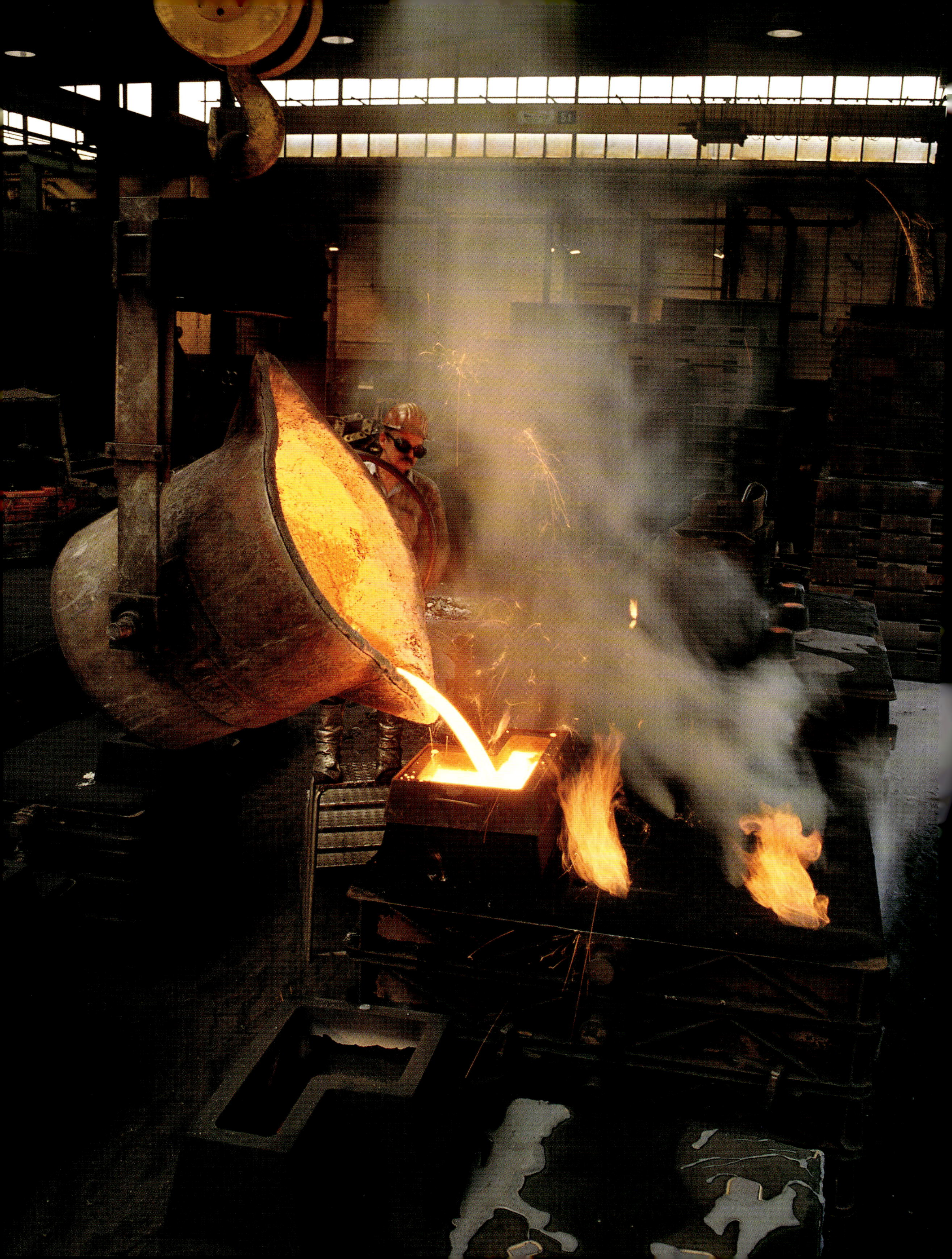
5t

Giesserei Ferrum in Schafisheim.

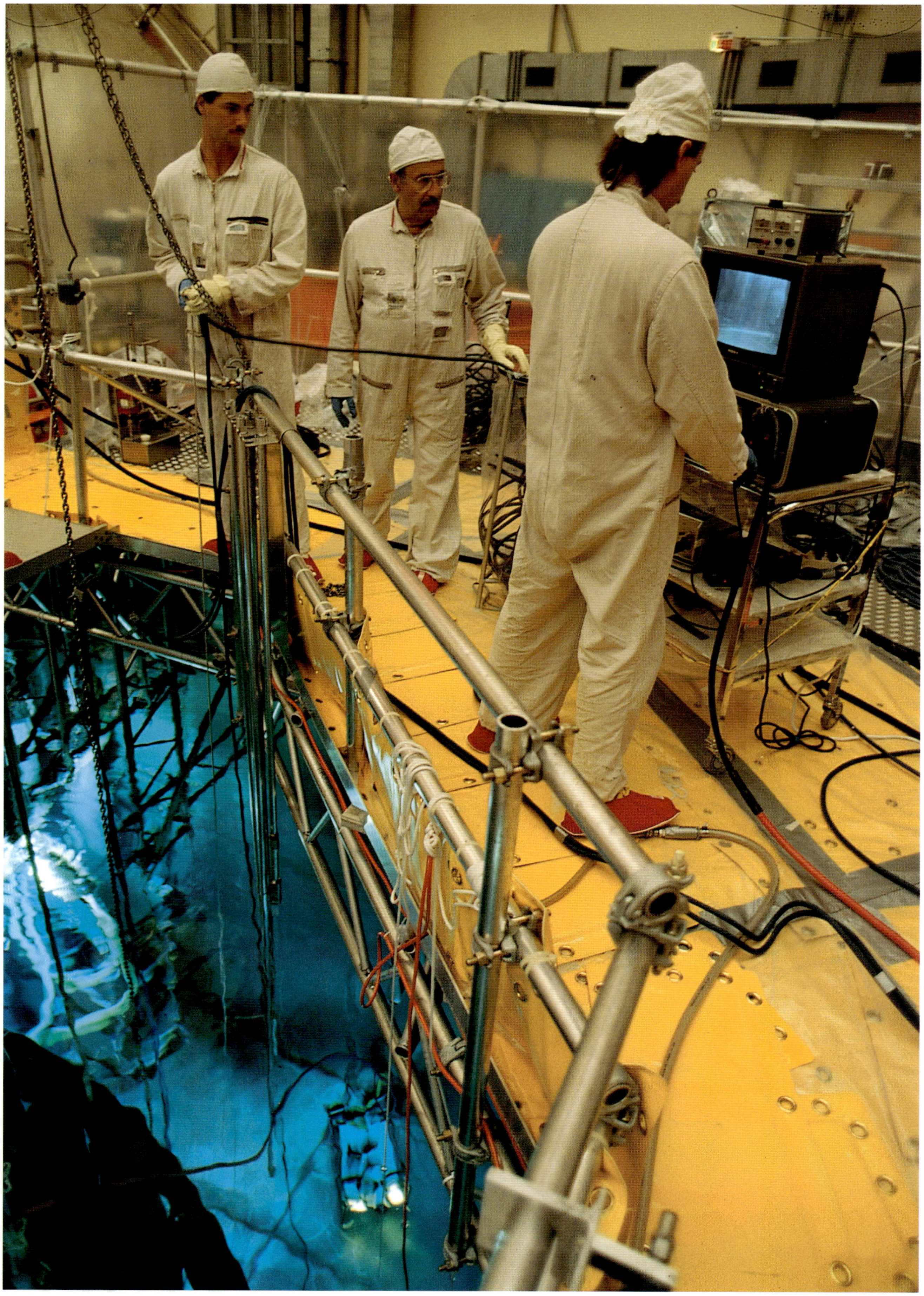

Kernkraftwerk Leibstadt. Neben vielen Flusskraftwerken bestehen in unserem wasserreichen Kanton zwei Kernkraftwerke: Leibstadt und Beznau.

Schlachthaus in Aarau.

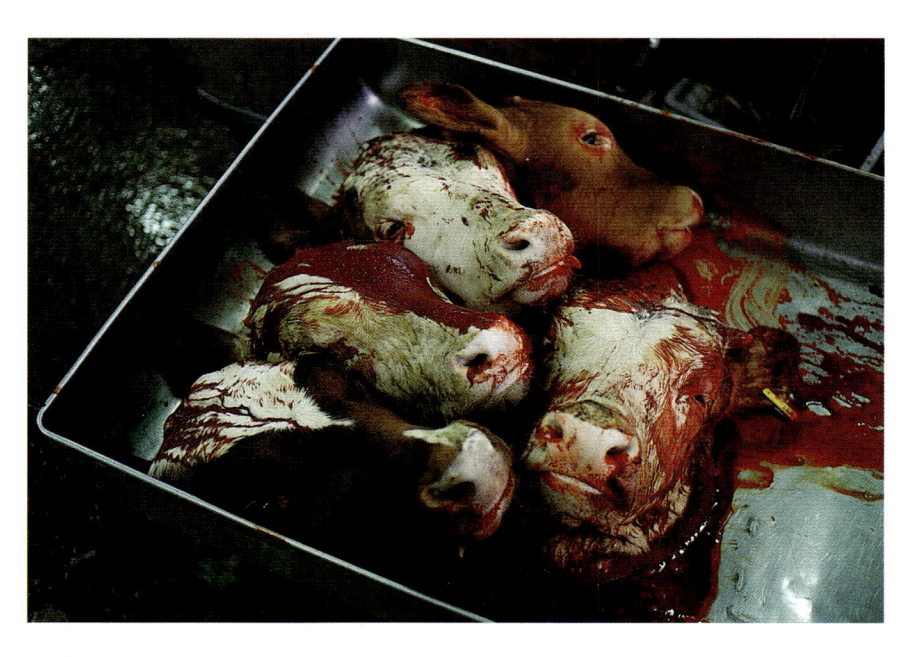

Traitafina in Lenzburg. Fleisch für den Lebensmittelgrosshandel und zur Konservenherstellung stammt ausschliesslich aus Grossmetzgereien.

Die ABB mit Sitz in Baden und unter anderem einem Werk in Birr gehört zu den grössten Unternehmen des Kantons. ☐ Blick in den Verbindungsgang zweier Werkbauten der Schokoladefabrik Frey in Buchs. ☐ Milchsäuregetränke sind im Lebensmittelsektor zu einem wichtigen Faktor geworden. Produktion von Rivella in Rothrist.

215

Ästhetik der Technik: Starkstromleitungen bei Laufenburg.

Auf dem Fricktaler Höhenweg.

Zu den Bodenschätzen unserer Region gehört der Kalk, der hier in Villigen abgebaut und anderswo zu Zement verarbeitet wird.

Kieswerk Kölliken. Im Mittelland sind Kieswerke überall zu finden.

Wettingen: Unterführungen machen den Verkehr sicherer, und sie verlocken Sprayer zu Wandmalereien.

Aarau. Die Motorisierung hat in den letzten Jahrzehnten um das Fünffache zugenommen, obwohl die Bevölkerung bloss um etwa dreissig Prozent gewachsen ist.

Ein modernes Geschäftshaus in Suhr, erbaut vom Stararchitekten Santiago Calatrava.

WSB-Bahnhof in Aarau.

Im Schnellzug.

S-Bahn nach Zürich. ☐ Nächste Doppelseite: Die Staffelegg, bedeutender Passübergang von Aarau ins Fricktal.

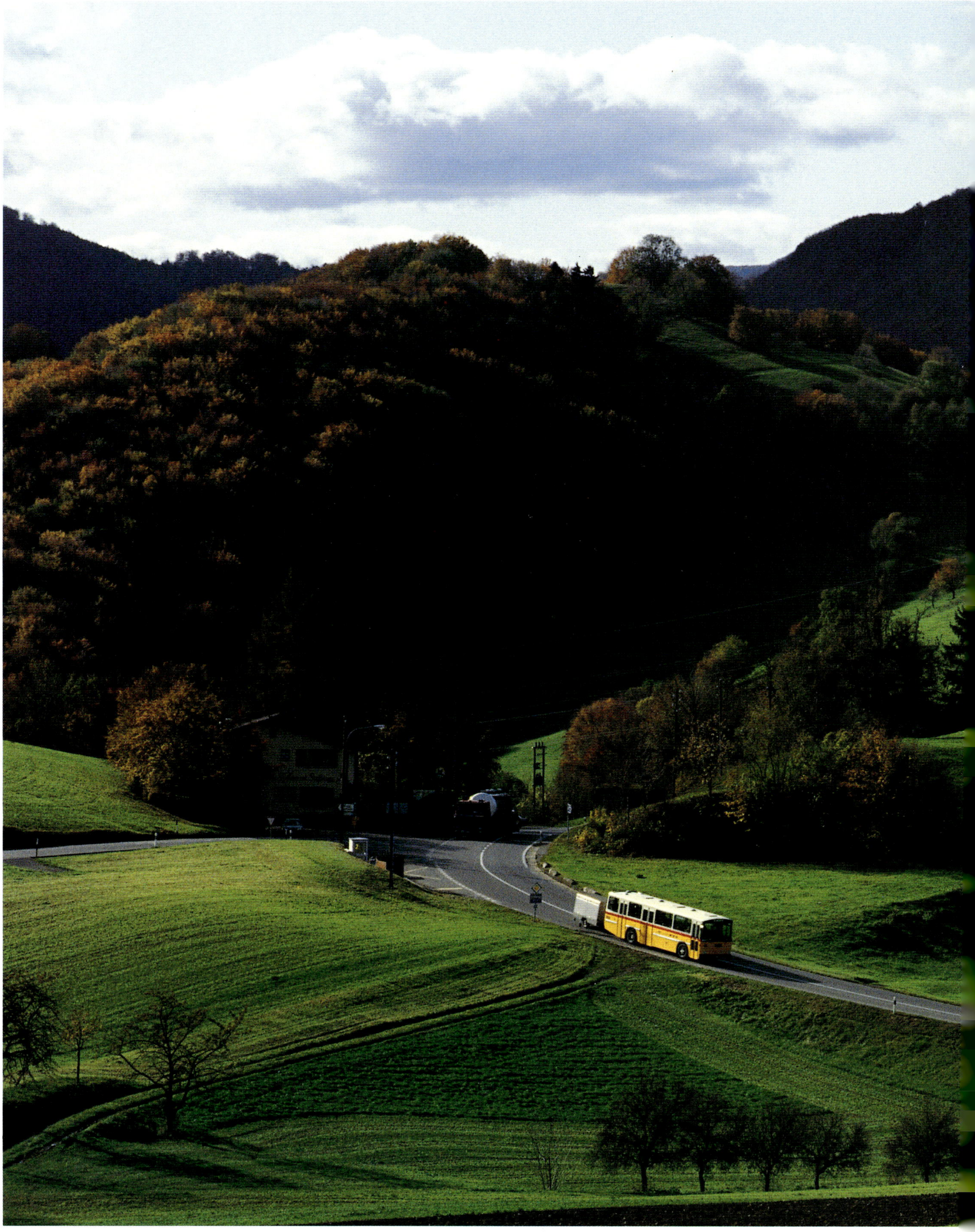

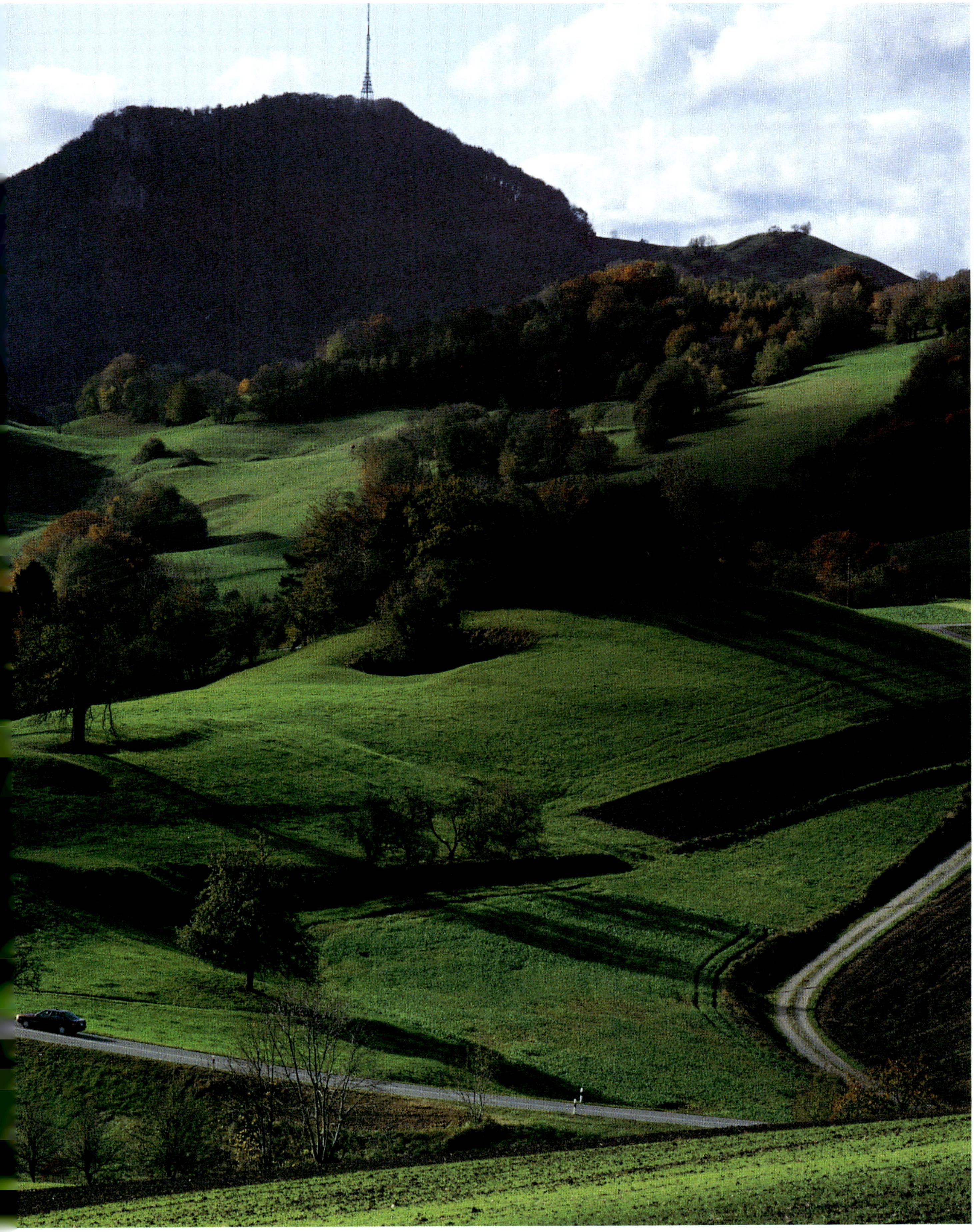

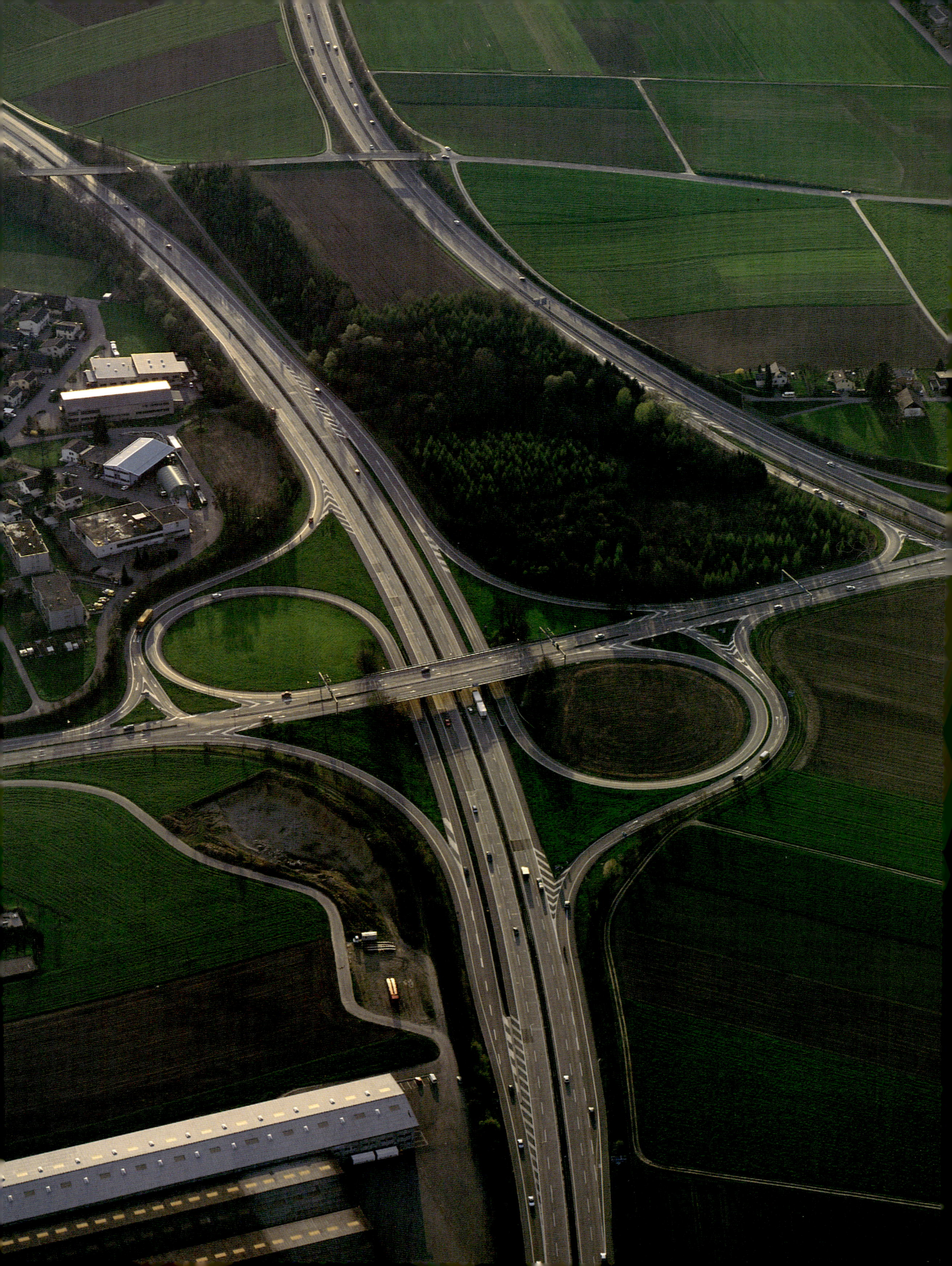

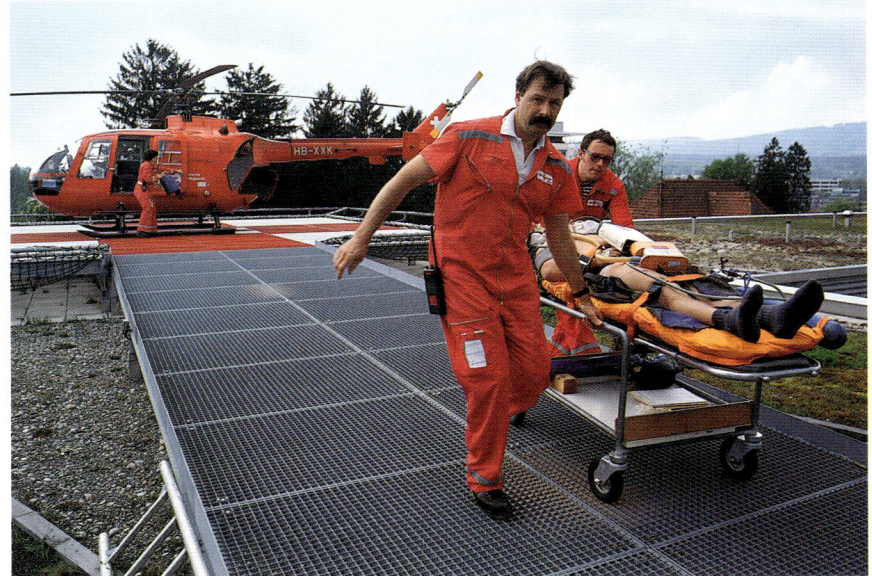

Autobahnanschluss Aarau-Ost der N 1. ☐ Autobahnbauten verbrauchen viel kostbares Grünland; sie sind jedoch in der heutigen Zeit wohl unerlässlich. ☐ Die beiden Kantonsspitäler Aarau und Baden und die Bezirksspitäler haben es auch oft mit Unfallopfern zu tun.

Dem aargauischen Strassenverkehr fielen 1992 zum Opfer: 941 Rehe, 103 Hasen, 765 Füchse, 162 Dachse, 131 Marder und 28 Wildschweine.

Shredderanlage in Kaiseraugst. □ Nächste Doppelseite: Lenzimattkreuz bei Wölflinswil im Fricktal.

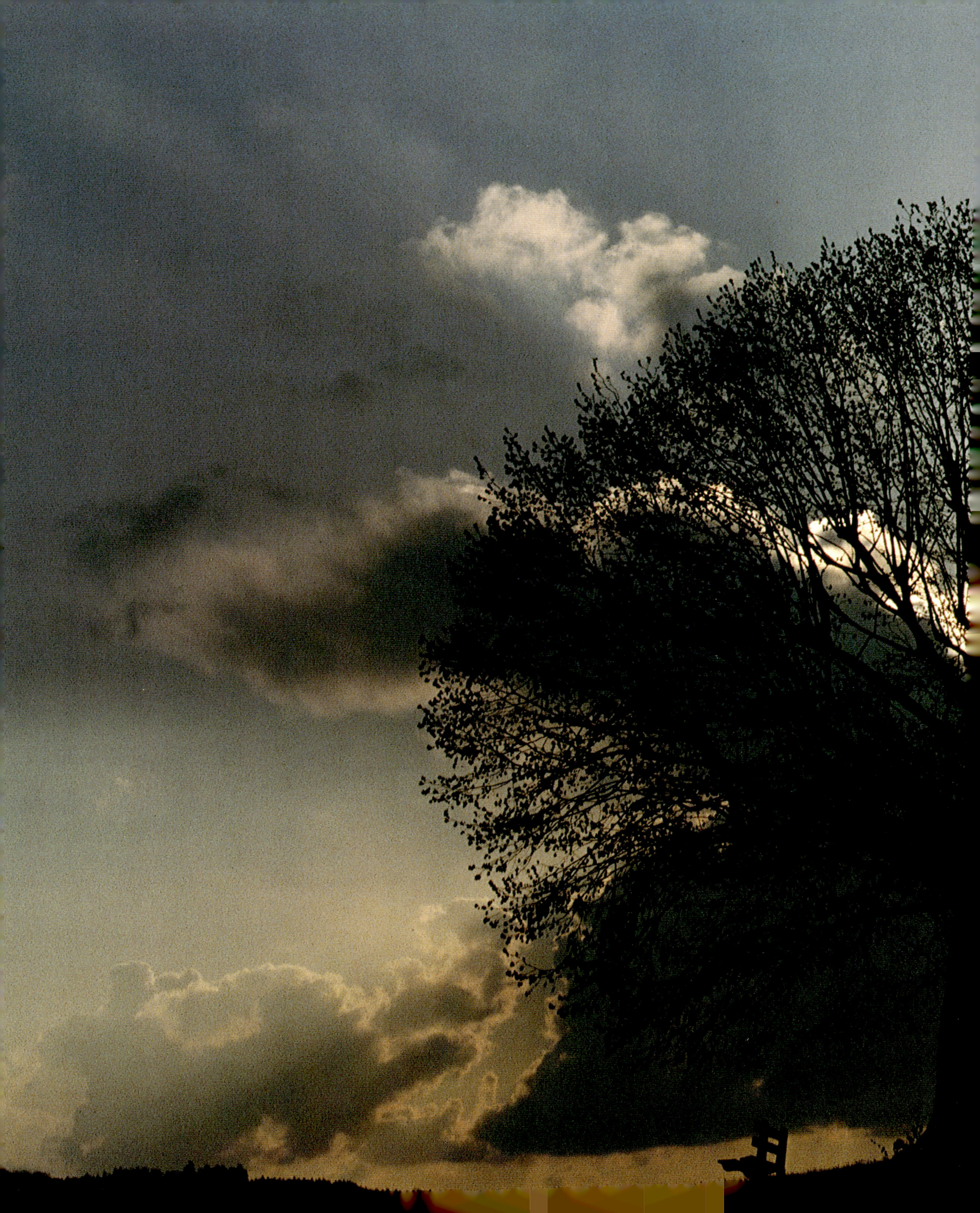

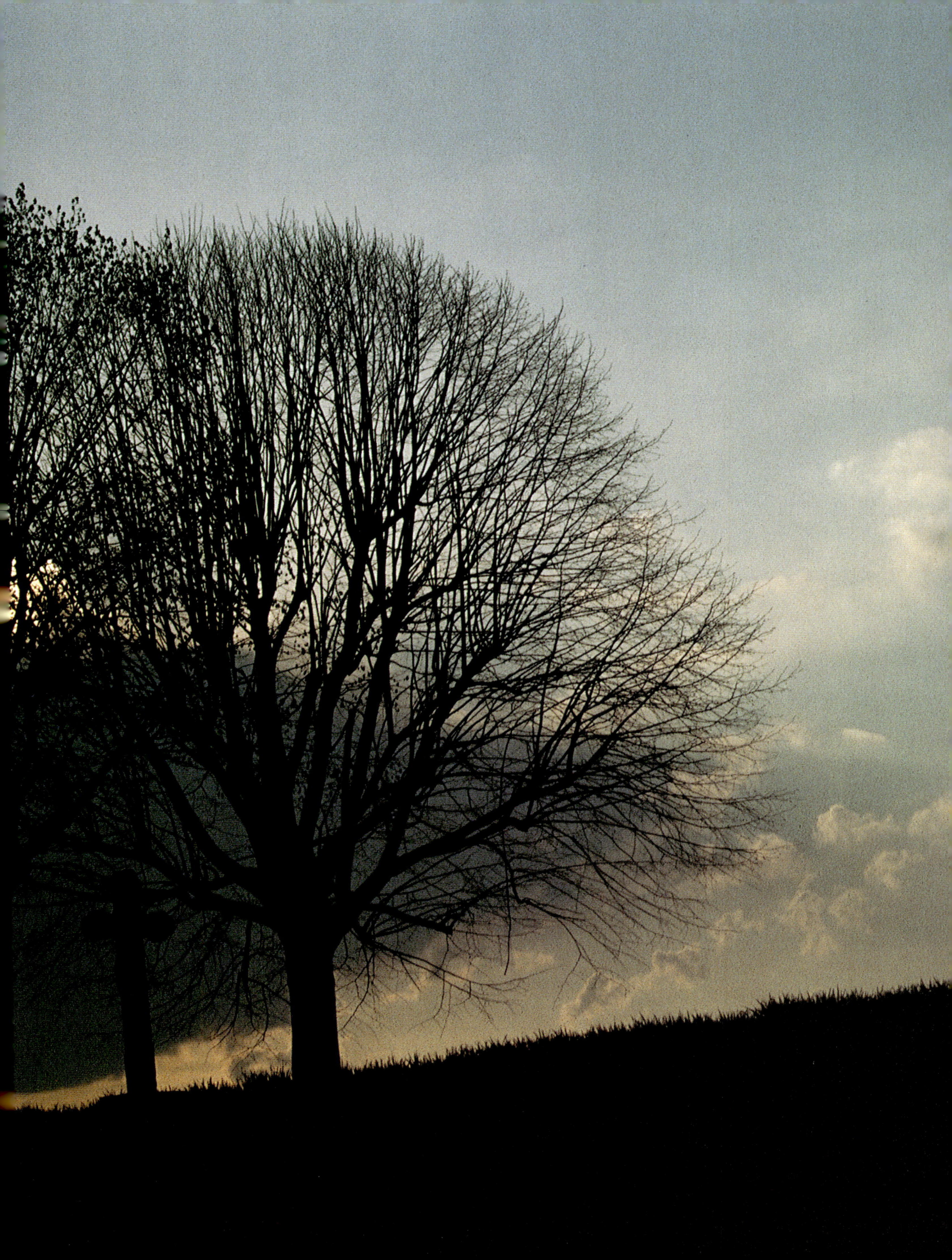

JOSEF GEISSMANN

Ein Kanton der Vielfalt

■ Die Bilder des vorliegenden Bandes sind geprägt durch die Vielfalt menschlicher Gesichter und Gestalten bei unterschiedlichsten Tätigkeiten. Das wäre bei einem ähnlichen Buch zu jedem andern Kanton ebenso. Das Besondere in diesem Fall wird erst dann offenbar, wenn wir uns die Leute in ihrem Reden und Sichbewegen, in ihrem Tun und Lassen vorstellen. Am offensichtlichsten äussert sich die Heterogenität der Aargauer Bevölkerung in den Mundarten, bedingt durch die verschiedenartigen geschichtlichen Erfahrungen, durch die geografische Nähe und die wirtschaftlichen Beziehungen zu den Nachbarkantonen. Im Berner Aargau sind die Anklänge an Berner oder Solothurner Idiome unüberhörbar. Der Fricktaler hat einiges gemeinsam mit der Sprache des Baselbieters, der Badener mit dem Züribieter, der Freiämter mit dem Zuger oder Luzerner. Allerdings gibt es innerhalb dieser Regionen weitere mundartliche Differenzierungen von Tal zu Tal oder gar von Ort zu Ort. Auch dieses Faktum haben wir mit andern Ständen gemeinsam. Aargauische Eigenart besteht in den markanten sprachlichen Akzenten und Unterschieden in den angesprochenen Landesteilen. Als Beispiel mundartlicher Vielgestalt seien die Bezeichnungen für den Löwenzahn erwähnt. Im Aargau existieren für diese Wiesenpflanze allein zwölf verschiedene Mundartbegriffe. Es lässt sich demnach lakonisch feststellen: Eine aargauische Mundart gibt es nicht.

Brauchtum

Vielschichtig stellt sich auch unser Brauchtum dar. Im Rahmen dieses gerafften Überblicks beschränke ich mich auf eine bescheidene Auswahl. Oft liegt der Ursprung eines Brauches im dunkeln. Auf einen einfachen Nenner gebracht, lässt sich jedoch die Herkunft von Bräuchen einer der drei folgenden Gruppen zuordnen: Es gibt ein Brauchtum, das in urzeitliches religiöses Empfinden oder ins alemannische Heidentum zurückgreift; ein anderes, das an kriegerische, krisenhafte Zeiten erinnert; und ein drittes, das im Christentum oder in kirchlichen Feiertagen wurzelt. In graue Vorzeit etwa weisen das Chlauschlöpfen oder Klausjagen, das Altjahrfeuer und das Bärzeli-Treiben, der Eieraufleset, der den Wettstreit zwischen Frühling und Winter symbolisiert, und der Pfingstsprützlig als heidnischer Fruchtbarkeitsritus. Zur zweiten Gruppe gehört der Fahrwanger Meitli-Sonntag, der an den zweiten Villmergerkrieg von 1712 gemahnt. Das Rheinfelder Brunnensingen der Sebastianibruderschaft geht auf die Pestzeit im 14. Jahrhundert zurück. Der Badener Cordulatag steht im Zusammenhang mit dem Überfall der Zürcher auf die Stadt anno 1444. Schliesslich sei auf drei Beispiele christlichen Brauchtums verwiesen. Dazu zählt das Stern- oder Weihnachtssingen, der Umgang der Weihnachtsengel in Hallwil, der Dreikönigsbrauch mit der Wasserweihe und der Beschriftung des Türsturzes. Die Buchstaben C + M + B bedeuten «Christus Mansionem Benedicat» (Christus segnet dieses Haus) und nicht etwa – wie fälschlicherweise häufig angenommen – Caspar, Melchior und Balthasar. Fasnachtsbräuche läuten eigentlich die christliche Fastenzeit ein; sie nehmen jedoch auch alemannisches Brauchtum auf.

Kulturleben und Kulturgüter

Neben dem überlieferten Kulturgut der Bräuche blüht im Kanton ein reiches aktuelles Kulturleben, sowohl im Bereich künstlerischer Professionalität wie im Sektor Freizeitbeschäftigung. Es wäre vermessen, auf diesem Gebiet Namen zu nennen. Man denke nur an die Dutzenden von Schriftstellern und Literaten aller Art, die zum Teil in renommierten Verlagen zu Wort kommen. Ähnlich verhält es sich mit Malern und Bildhauern, von deren Zahl und Qualität man sich bei Ausstellungen im Aargauer Kunsthaus und andernorts überzeugen kann. Nicht weniger erfreulich bietet sich die Musikszene dar. Ein reiches Angebot an Konzert- und Liederabenden steht Kunstfreunden das ganze Jahr über zur Verfügung. Um das professionelle Theater ist es in den letzten Jahren etwas ruhiger geworden. Immerhin machen noch einige Klein- und Tourneetheater von sich reden. Reges Leben herrscht dagegen bei Liebhaberbühnen. Kaum ein Dorf oder eine Stadt, wo nicht in den Herbst- und Wintermonaten ein Verein eine Produktion auf die Bühne bringt. Mit dem Stichwort Verein öffnet sich eine weitreichende Palette. Musik-, Gesangs- und Sportvereine fehlen wohl in keinem Dorf. Daneben verbringen viele ihre Freizeit in weiteren Vereinigungen aller Art, in Dörfern gibt es davon Dutzende, in grösseren Gemeinden gehen sie in die Hunderte. Zweifellos wird der Beitrag der Amateure im Kulturleben einer Gemeinschaft eher unterschätzt.

Der Aargau besitzt ein beachtliches kulturelles Erbgut an baulicher Substanz. Es verdichtet sich in drei Arten von Bauanlagen: in den Kernzonen der Altstädte, in den Klöstern und in den Burgen und Schlössern. Wieder mögen ein paar Andeutungen genügen, um den Leser den ganzen Reichtum erahnen zu lassen. Typisch für die Aarauer Altstadt sind die vorkragenden Dächer mit den bemalten Dachhimmeln, in Baden das Bäderquartier mit der «Blume», in Bremgarten der Hexen- und der Kesselturm, in Brugg das bunt geschmückte Lateinschulhaus, in Kaiserstuhl die eigenartige Dreiecksform der Altstadt, in Laufenburg der Schwertlisturm, in Lenzburg die Burghalde und das Hünerwadel-Haus, in Mellingen das Schloss Iberg, in Rheinfelden der Storchenturm, in Zofingen der Thutplatz und in Zurzach die Messehäuser aus dem 17. und 18. Jahrhundert.

Bei den Klosteranlagen darf man in bezug auf Grösse und Bedeutung von einem aargauischen Dreigestirn sprechen: vom Franziskanerkloster Königsfelden, von der Benediktinerabtei Muri und vom Zisterzienserkloster Wettingen. Die Gebäulichkeiten der ehemaligen Klöster werden gegenwärtig vom Staat als psychiatrische Klinik (Königsfelden), als Pflegeheim (Muri) und als Kantonsschule (Wettingen) genutzt. Vor allem die Kirchen und die Kreuzgänge der einstigen Abteien zeugen in ihrer künstlerischen Ausstattung über alle Stilepochen von der Romanik bis zum Rokoko vom früheren Reichtum. Aber auch kleinere Anlagen zeichnen sich durch ihre Ausstattung aus, so Gnadenthal, Fahr, Hermetschwil, Klingnau, Olsberg und Wislikofen. Die Frauenklöster Fahr und Hermetschwil sind die einzigen, in denen sich aktuelles monastisches Leben erhalten hat. Weitere städtische Ordensniederlassungen, Beginen-Häuser und Komtureien bleiben aus Platzgründen unerwähnt.

Ausser rund dreissig noch intakten Burgen und Schlössern kennt man auf Aargauer Boden ebenso viele Ruinen und Wüstungen (abgegangene Siedlungen oder Burgen). Zu den sehenswertesten Höhenburgen zählen gewiss Aarburg, Hilfikon, Lenzburg und Wildegg. Das einzige Wasserschloss, Hallwil, liegt am gleichnamigen See. Vor allem die drei letztgenannten beherbergen in ihren Mauern bemerkenswerte Museen. A propos Museen: Interessierte können davon unzählige besuchen, vom Schlössli in Aarau über das Landvogteischloss in Baden ebenso wie viele weitere Stadt- und Dorfmuseen bis zu reinen Kunstsammlungen wie im Aargauer Kunsthaus oder in der Badener Villa Langmatt.

Selbst die Bauernhäuser wahrten in früheren Zeiten ihren eigenen regionalen Stil. Im Berner Aargau war das Hochstudhaus mit dem tief heruntergezogenen Walmdach vorherrschend. Im westlichsten Teil glich man sich mit den Giebelründen noch mehr bernischer Baukunst an. Das Fricktaler Bauernhaus zeigte seine Besonderheit im rundbogigen Scheunentor mitten in der Frontseite des Hauses. Die Bauernhäuser des einst bernischen Landesteiles, des Juras und des Fricktals zeigten eine Gemeinsamkeit: Es waren fast ausschliesslich Einhausbauten, auch Dreisässenhäuser genannt. Wohnteil, Scheune und Stall wurden vom gleichen Dach überspannt. Mehrhausbauten dagegen fand man vornehmlich im Freiamt. Da stand das Wohnhaus getrennt von Scheune und Stall. Oft kamen weitere Kleinbauten wie Speicher, Schopf, Bienenhaus u. a. dazu. Im Freiamt wurde zudem der Einfluss innerschweizerischen Bauens sichtbar. Mancherorts schirmten Klebedächer die Fensterreihen gegen Sturm und Regen ab. Im östlichen Kantonsteil schliesslich holte man sich beim Hausbau Anleihen im Züribiet. Da tauchten vermehrt Fachwerkhäuser auf. Während der Jahrzehnte und Jahrhunderte haben sich die Baustile mehr und mehr durchmischt. Einheitliche Dorfbilder sind heute kaum mehr auszumachen.

Wirtschaft, Militär, Politik

Seit Beginn dieses Jahrhunderts wandelte sich der Aargau vom Agrar- zum Industriekanton. Um 1890 betrug der Anteil der Beschäftigten im Primärsektor (Land- und Forstwirtschaft) noch 40 Prozent. Heute liegt er zwischen 4 und 5 Prozent, obwohl neben Milchwirtschaft, Getreide-, Gemüse- und Obstanbau noch in 57 Gemeinden Rebbau betrieben wird. Im zweiten Sektor (Industrie, Handwerk, Baugewerbe) arbeiten rund 50 Prozent, und auf den Dienstleistungssektor entfallen die verbleibenden zirka 45 Prozent.

Über eine lange Tradition verfügt unser Kanton im Militärwesen. Der kantonale Waffenplatz zur Ausbildung von Infanteristen in der Kaserne Aarau stand über Jahrzehnte im Kreuzfeuer der Meinungen. Die einen wollten die Kaserne aus verkehrstechnischen Gründen aus der Bannmeile der Stadt verbannt sehen. Die andern fürchteten Einbussen auf wirtschaftlicher Ebene, wenn der Truppenstandort ins Grüne verlegt würde. Am Ende der langen Debatten blieb alles beim alten und die Kaserne in der Stadt. Auf den beiden eidgenössischen Waffenplätzen in Brugg und Bremgarten werden Rekruten der Genietruppen ausgebildet. Die Flusslandschaften der

Aare und Reuss eignen sich als Übungsgelände für Pontoniere, Sappeure und Mineure in besonderem Mass.

Politisch gliedert sich der Kanton in 232 Gemeinden. Die flächenmässig grösste davon ist Sins im oberen Freiamt mit über 2000 Hektaren. Die kleinste Gemeinde ist das Städtchen Kaiserstuhl mit lediglich 32 Hektaren. Ausgewogener sind die Grössenverhältnisse bei den elf Bezirken. Bei der Einrichtung dieser Verwaltungseinheiten während der Helvetik wurden die Grenzen teilweise sehr willkürlich gezogen. Zehn Bezirke teilen die Grenze mit andern Kantonen. Allein der Bezirk Brugg ist auf allen Seiten von aargauischem Gebiet umschlossen. Das dürfte ein Grund dafür sein, warum viele Aargauer Brugg als geografische Mitte des Kantons empfinden.

Landschaft und Bodenschätze

Drei unterschiedliche Berg- und Hügelformen bestimmen weitgehend das Landschaftsbild. Das Mittelland mit den sanft geschwungenen Höhenrücken und den von Süd nach Nord verlaufenden Tälern bekam sein Gesicht von den eiszeitlichen Gletschern. Moränenhügel und zahlreiche Findlinge geben davon beredtes Zeugnis. Die Kalkschichten des Kettenjuras wurden vor fünfzehn bis fünf Millionen Jahren aufgefaltet. Die Gegend von Frick und diejenige von Aarau sollen sich bei dem gewaltigen Stoss aus dem Süden um zehn Kilometer näher gerückt sein. Fast alle diese Juraberge weisen einen deutlichen Gratabschluss auf. Die dritte typische Bergform finden wir im Tafeljura. Wie der Name verrät, sind die meisten dieser Berge oben flach oder leicht gewellt. An den Rändern fallen sie steil zu den Tälern ab. Bezeichnungen wie Chriesberg und Chornberg belegen die Fruchtbarkeit der Tafeln. Verwerfungen haben auch einigen Tafeljurabergen zu Graten verholfen (Rotberg bei Villigen, Sunneberg bei Zeiningen).

Wenn man von aargauischen Bodenschätzen zu sprechen beginnt, entlockt man manchen Leuten ein mildes Lächeln. Da mit dem Begriff vor allem Erdöl, Kohle, Erze und Edelsteine verbunden werden, übersehen wir leicht andere, etwas weniger wertvolle Materialien. Dennoch – die Kalksteine des Juras liefern wichtiges Rohmaterial zur Herstellung von Zement und Soda. Die Gipsgruben mit herrlichem Alabastergestein haben zwar an Bedeutung verloren. Die Gruben an der Lägern und in Felsenau liegen brach, aber in Küttigen wird im Tagbau noch Gips für das Wildegger Zementwerk abgebaut. Ähnlich wie mit dem Gips verhält es sich mit dem Sandstein. Von den grossen Steinbrüchen im Mittelland ist bloss noch Othmarsingen geblieben. Kochsalz und Sole dagegen gewinnt man wie eh und je im Rheintal. Dasselbe gilt für den Kies in den weiten Talböden, wo der Niederterrassenschotter der letzten Eiszeit lagert. Von den rund dreissig Ziegeleien, die man bis vor 70 Jahren im Aargau kannte, sind drei übriggeblieben. Ziegel, Backsteine oder Töpfe werden nur noch in Attelwil, Fisibach und Frick gefertigt, obwohl es reiche Lehm- und Tonvorkommen im Mittelland und im Jura gibt.

Mit Fug und Recht könnte man das Wasser der Thermen und Heilquellen den Bodenschätzen zuordnen. Schon die Römer erkannten die Heilkraft der warmen und mineralhaltigen Gewässer. Als Thermen gelten die Quellen, deren Wasser mindestens 25 Grad Wärme aufweist. Im Aargau sind dies Baden (48 Grad), Zurzach (40 Grad) und Schinznach-Bad (34 Grad). Rheinfelden mit seinem Solbad nimmt eine Sonderstellung ein; die Sole wird aus der Saline Riburg zugeleitet.

Wasser ist überhaupt einer der Reichtümer des Kantons. Längs der vielen Flüsse lagern unter dicken Kiesschichten ergiebige Grundwasservorkommen mit Schwerpunkten im Aare- und Rheintal. Dazu kommen Grundwasser-, Schotter-, Kluft- und Schuttquellen. Zu den Flüssen noch ein Wort: Die vier Hauptflüsse Rhein, Aare, Reuss und Limmat entwässern mit ihren Nebenflüssen drei Viertel der Oberfläche der Schweiz. Die Gewässer tragen unmittelbar dazu bei, dass der Aargau als ausgesprochener Elektrizitätskanton gelten kann. Viele Wasserkraftwerke und die beiden AKWs in Beznau und Leibstadt erzeugen ein Gutteil der schweizerischen Elektrizität.

Mit der Wasserfülle kommt ein weniger erfreuliches klimatisches Phänomen einher: die hartnäckigen Herbst- und Winternebel. Das Aaretal ist davon besonders betroffen. Im Durchschnitt registriert man bei Beznau 70 Nebeltage pro Jahr, in Aarau 63, in Baden 50 und in Muri noch 44. Eine schöne Ausnahme macht das Fricktal, das deutlich mehr Sonnentage verbucht als das Mittelland.

Das Gebiet, welches wir heute bewohnen, muss bald nach der letzten Eiszeit ein wildes, grünes Waldparadies gewesen sein, durchsetzt von Nass- und Feuchtflächen längs der Seen, Flüsse und Bäche. Die Ufer der fliessenden Gewässer, dazu die stehenden mit Altläufen, Weihern und Tümpeln, die Verlandungszonen mit Sümpfen, Mooren und Rieden boten Raum für eine üppige Pflanzenwelt. Die trockenen Berggrate steuerten das Ihre zur botanischen Vielfalt bei. Die reiche Flora wiederum schaffte Lebensraum für unzählige Tiere. Dieser Zustand erhielt sich über Jahrtausende, obwohl der Mensch durch Rodungen die Wälder lichtete. Die dabei entstandenen Magerwiesen vergrösserten die Artenvielfalt noch. Erst im letzten und vor allem in unserem Jahrhundert begann mit Überbauungen, Flusskorrektionen und der Intensivierung der Landwirtschaft die erschreckende Verarmung der Tier- und Pflanzenwelt. Das Absinken der Grundwasserspiegel und die Gewässerverschmutzung waren zusätzliche schädigende Faktoren. Zwar hat man – wenn auch spät – den Schaden erkannt. Sowohl von Bundesseite wie auf kantonaler Ebene wurden durch Gesetze Naturlandschaften vor weiterer Verschandelung bewahrt (Lägern, Hallwilersee, Reusstal). Dennoch fristen grössere Biotope ein Inseldasein. Solche Inseln finden wir etwa im grössten zusammenhängenden Waldgebiet des Kantons (im Boowald), in ein paar Auenwäldern an Aare und Reuss, im Taumoos bei Niederrohrdorf, an Jurahängen mit Orchideenmatten oder auch am Klingnauer Stausee als Vogelparadies. Das letzte Beispiel belegt, wie in Ausnahmefällen ein menschlicher Eingriff auch zugunsten der Natur ausschlagen kann. Mit dieser optimistischen Feststellung sei der fragmentarische Überblick über die aargauische Vielgestaltigkeit abgeschlossen.

(Die Fakten zu diesem Aufsatz sind fast vollständig dem Buch «Aargau, Heimatkunde für jedermann» von Schibli, Geissmann, Weber, AT Verlag, entnommen.)

Anmerkungen

zum Artikel «Mütter, Helden, Heilige» von Pirmin Meier

1. Roman W. Brüschweiler: Neuenhof – ein Dorf und seine Geschichte, Baden, 1993.
2. Hermann Lübbe: Geschichtsbegriff und Geschichtsinteresse, Analytik und Pragmatik der Historie, Basel 1977, vor allem die Kapitel «Identität durch Geschichten», S. 145 ff., und «Wozu Historie?», S. 155 ff.
3. Taschenbuch der historischen Gesellschaft des Kantons Aargau für 1861 und 1862, hrsg. v. E. L. Rochholz und K. Schröter, S. 31 f.
4. Erika Burkart: Augenzeuge, Ausgewählte Gedichte, Zürich 1978, S. 110.
5. Josef Zihlmann: Die Hof- und Flurnamen der Gemeinde Gettnau, Luzern 1969, S. 57.
6. Ernst Ludwig Rochholz: Schweizersagen aus dem Aargau I, Aarau 1856, S. 111.
7. Thomas Schärli: Veltheim – Von den Anfängen bis zur Gegenwart, S. 33. Hier der Verweis auf Georges Gloor: Die mittelalterlichen Grosspfarreien der nachmals reformierten Aargauer Bezirke, Argovia 60, 1948, S. 41 ff.
8. Willy Pfister: Rupperswil. Vom alten zum neuen Dorf seit 1800, Bd. III, Rupperswil 1968, S. 68. Die mehrbändige Rupperswiler Ortsgeschichte setzt Massstäbe für die Lokalgeschichtsschreibung.
9. Berthe Gerdes, geb. 1919, pensionierte Kindergärtnerin aus Zürich, grossmütterlicherseits von einer Familie Zimmermann aus Oberflachs abstammend, gewährte mir am 1. August 1994 mit grossem mündlichem Erzähltalent vor Ort Einblick in die unbezahlbaren Schatzkammern ihrer Kindheit.
10. Thomas Schärli, a. a. O., S. 23.
11. Thomas Schärli, a. a. O., S. 24 f.
12. Mündliche Mitteilung von Bruno Maurer.
13. Ernst Ludwig Rochholz: Alemannisches Kinderlied und Kinderspiel aus der Schweiz, Leipzig 1857, S. 57.
14. Fridolin Meier: Würenlingen – Terziarinnen, in: Alemannia Franciscana Antiqua, Bd. 14, Landshut 1970.
15. Elsbet Stagel: Das Leben der Schwestern zu Töss, übertr. nach der mittelhochdeutschen Ausgabe von Ferdinand Vetter u. Carl Günther, Zürich 1923, S. 79.
16. Elsbet Stagel, a. a. O., S. 61.
17. Elsbet Stagel, a. a. O., S. 49.
18. Elsbet Stagel, a. a. O., S. 64.
19. Elsbet Stagel, a. a. O., S. 65 f.
20. Elsbet Stagel, a. a. O., S. 82.
21. Fritz Meier: Christen unterwegs, 1779–1979, 200 Jahre Pfarrei Würenlingen, 1979.
22. Franz Xaver Bronner: Der Kanton Aargau, Bd. I, St. Gallen 1844, S. 153 f.
23. Michael Stettler: Die Kunstdenkmäler des Kantons Aargau, Bd. I, Basel 1948, S. 256 f.
24. Siehe dazu auch mein Kurzporträt in: Magisch Reisen Schweiz, 3. Auflage, München 1994, S. 228 ff.
25. Josef Guntern: Volkserzählungen aus dem Oberwallis, Basel 1978, S. 265. (Daselbst wertvolle Informationen über den Wegerbaschi.)
26. Pirmin Meier: Paracelsus, Arzt und Prophet, 3. Auflage, Zürich 1994, S. 320.